本书为2017年湖南省高等学校科学研究重点□
获湖南科技大学学术著作出版基金

青少年数字化语言
经验与字词认知

陈京军　著

湖南师范大学出版社

图书在版编目（CIP）数据

青少年数字化语言经验与字词认知 / 陈京军著 . --长沙：湖南师范大学出版社，2018.3

ISBN 978 - 7 - 5648 - 2973 - 5

Ⅰ.①青… Ⅱ.①陈… Ⅲ.①数字技术 - 应用 - 青少年 - 汉字 - 认知语言学 Ⅳ.①H12 - 39

中国版本图书馆 CIP 数据核字（2017）第 216833 号

青少年数字化语言经验与字词认知

Qingshaonian Shuzihua Yuyan Jingyan yu Zici Renzhi

陈京军 著

◇组稿编辑：李 阳
◇责任编辑：李红霞 江洪波
◇责任校对：胡晓军
◇出版发行：湖南师范大学出版社
　　　　　　地址/长沙市岳麓山 邮编/410081
　　　　　　电话/0731 - 88873071 88873070 传真/0731 - 88872636
　　　　　　网址/http：//press. hunnu. edu. cn
◇经销：新华书店
◇印刷：湖南雅嘉彩色印刷有限公司
◇开本：710mm×1000mm 1/16
◇印张：11.5
◇字数：220 千字
◇版次：2018 年 3 月第 1 版
◇印次：2018 年 3 月第 1 次印刷
◇书号：ISBN 978 - 7 - 5648 - 2973 - 5
◇定价：48.00 元

凡购本书，如有缺页、倒页、脱页，由本社发行部调换。
投稿热线：0731 - 88872256 13975805626 QQ：1349748847

前　言

　　人类科学技术的实践，一方面既在利用、改造自然，一方面也在塑造人类自身。当代以计算机和互联网络为代表的信息和通信技术的普及，给人们的工作、学习及社会交流带来极大便利，也塑造着人们的生活、工作和交流方式。人们对信息的输入、储存、传递和输出过程中，语言文字充当着信息最主要的载体。这使得人们对语言文字的运用方式，在当前数字化时代中，出现了两种重要变化：其一，传统的纸笔手写被键盘或屏幕输入代替，出现数字化书写；其二，传统的口头语言被键盘记录，与书面语言结合，形成了非正式的网络语言。前者将传统的手写字形变为以键盘字母为中介的输入过程，后者则改变了中文语义的标准化书面表达。如是，则带来我们所关心的问题：变化了的语言运用方式在青少年群体中的广泛使用，是否会给青少年的传统中文学习和掌握带来影响？而这种影响的认知心理机制又是怎样的？

　　本书以青少年学生群体为对象，从语文能力中的基础字词认知水平入手，采用问卷调查、自然追踪实验和计算机行为实验相结合的方法，较为系统地探讨了青少年学生群体中，上述数字化语言经验与字词认知的关系及影响机制。主要包括：数字化书写、拼音输入熟练度、网络语言经验和传统字词拼写成绩间关系的调查；键盘拼音输入与传统手写方式学习字词，在再认选择和回忆拼写上的效果比较；拼音输入经验对字词义形、义音及音韵一致性判断反应时和正确率的影响；网络语言经验对网络词汇的传统语义和网络语义相关性判断反应时及正确率的影响等。

本书对以往相关领域的研究设计进行了改进和拓展，从而发现了一系列重要的心理事实和结论，以实证研究的结果澄清了社会公众在这些问题上的一些模糊观点。一是利用所得资料，将数字化语言经验对英语认知和汉语认知的影响进行了实证对照分析，如：键入可以替代手写学习英文单词，但却不宜用来学习汉字；"提笔忘字"现象不是由于拼音输入过多造成的。二是研究设计注意控制了网络接触时间、频率对因变量的额外影响；在考察网络语言经验对网络词汇判断的影响时，区分了传统语义和网络语义，这些研究设计的改进推进了人们对数字化语言经验与青少年汉语认知关系的认识。三是发现了一些有价值的事实和结论，如：在字词学习的基础时期，数字化书写活动对字词拼写有负向作用，而在字词掌握达到一定水平的时期，数字化书写活动对字词拼写有正向作用；网络语言经验加强了词汇的形义间联结，既包括词形与网络语义的联结，也包括与传统语义的联结；数字化书写经验能显著预测字词拼写成绩，拼音输入熟练度是二者间的中介因素。

本书的研究选题颇具时代感，不但对揭示基于网络和计算机的汉语认知特点具有重要的理论价值，而且对青少年的语文教学和学习指导也具有现实的指导意义。

陈京军

目　录

绪 论

据中华人民共和国工信部网站（2016）公布的数据，2016 年底，互联网宽带用户突破 2.97 亿户，移动电话用户已达到 13.2 亿户，移动电话用户普及率达 96.2 部/百人，比上年提高 3.7 部/百人，其中 4G 用户数呈爆发式增长，全年新增 3.4 亿户，总数达到 7.7 亿户。据中国互联网络信息中心（CNNIC，2016）发布的中国青少年上网行为调查报告①，截至 2015 年 12 月，中国青少年网民（指年龄在 25 周岁以下的网民）规模为 2.87 亿，青少年互联网普及率为 85.3%，相比同期全国整体互联网普及率的 50.3% 高出 35 个百分点。年龄集中分布于 12~24 岁年龄段，占全部青少年网民比例分别为 88.5%，6~11 岁青少年占比从去年的 7.5% 提升至 11.5%，增加了 4 个百分点；青少年在家里通过电脑接入互联网的比例达到 89.9%，而得益于学校教育信息化水平的进一步提高，青少年在学校上网的比例明显上升，达到 25.5%。2015 年随着"互联网＋"战略的提出，"互联网＋教育"逐步引起关注，无论是教育机构还是公共教育服务 APP 均取得了长足进展。可见，随着现代信息处理技术和网络通信技术的迅速发展，以数字化技术为基础的信息处理及交互工具已得到了较为广泛的普及和应用，在青少年群体中尤为明显。

受不断发展的信息处理技术及其工具变革的影响，传统的办公作业方式与日常社会互动方式在悄然发生着变化。在办公领域，工作者更多地利用计算机及其附属设备（如打印机）、互联网（局域网及因特网），对信息进行

---

① 2015 年中国青少年上网行为调查报告 [EB/OL]. 中国互联网络信息中心 [2016 - 08 - 12]. http://www.cnnic.cn/hlwfzyj/hlwxzbg/qsnbg/201608/P020160812393489128332.pdf.

搜索、接收、储存、输入、处理、传递及输出。使用计算机处理各种信息，如电脑打字、绘制表图、录制声音、摄制视频及传递各种格式文件等。在学习领域，学习者利用计算机和网络搜索查询资料、下载保存学习资源、完成课外作业等。尤其对大学生来说，计算机作为学习的工具更为普遍，据一项调查发现①（山西新闻网，2011），大学生中电脑拥有率已达到90%，78%的学生认为电脑对学习有帮助。在社会互动领域，人们已开始习惯于通过计算机网络或移动通信网络，利用各种数字化信息交流工具（如个人电脑、移动电话）进行信息交流互动。传统的社会互动方式如面对面交流（face-to-face）、电话交谈（telephone conversation）、书信来往（handwriting letters）等，已发展为基于信息和通信技术（Information and Communication Technology，ICT）的多样化交流互动方式，如电子邮件（e-mail）、即时消息（instant message）、微博（micro-blog）、网络论坛（web forum），手机短信（text message）等。据 CNNIC（2016）调查报告②，2015 年在我国青少年学生网民的网络社会交互应用中，以中学生为例，按使用人数占总人数比高低排列，分别是即时消息（如 QQ 和微信）93.6%、微博 35.8%、电子邮件 24.8%、论坛/BBS 13.8%。

在上述各领域的信息载体中，语言文字是最具广泛性的一种信息表现形式，即大多数文件资料、作业内容、互动消息都是用语言文字表现的。由此，基于数字设备和网络的文字信息处理及社会交互方式的运用，使青少年群体对语言文字的使用在当代数字化环境下呈现出两个比较重要的特征。其一，在作业和交互中的表达即语言产出（language production）中，不再需要用纸笔手写，而主要是利用键盘输入（计算机）和屏幕输入（平板电脑和智能手机）文字信息，称为数字化书写（digital writing）；其二，在既不同于双方说话，又不同于正式书信往来的网络交互中，出现了一种新的语言风格，通常是一些字词的新用法，如"切"（表示不屑）等，称之为网络语言（net-speak），其流行于网络社会交互之中。之所以出现这类语言，Baron 认为很重要的原因是过去我们几乎没有将口头语言写下来进行传递交流的互

---

① 手机、电脑拥有率高淘汰也快［EB/OL］. 山西新闻网［2011－08－19］. http://www.daynews.com.cn/sxwb/c/43/1240028.html.
② 2015 年中国青少年上网行为调查报告［EB/OL］. 中国互联网络信息中心［2016－08－12］. http://www.cnnic.cn/hlwfzyj/hlwxzbg/qsnbg/201608/P020160812393489128332.pdf.

动形式，在正式的书面语和非正式的口语间有明确的区分①。而基于数字信息设备的互动（如 QQ、微信聊天）则混淆了二者的边界，产生了口语的书面形式，因而也将之称为"说写语言"（spoken-written language）。

无论是进行数字化书写，还是网络语言的运用，两者都属于数字化语言经验（digital language experience）。其共同之处在于两者对语言文字的使用都是基于数字 ICT 设备，包括输入、呈现、储存和传递等。不同之处在于数字化书写侧重于信息输入过程，其内容涵盖广泛，可能是正式的书面语言（如完成作业），也可能是非正式的网络语言（如即时信息）；网络语言运用则侧重于个体对这种新形式语言的使用经历，其表达形式除文字信息外，也包括语音会话。人们在享受信息和通信技术给工作、学习和生活带来便利的同时，也在思考这两种数字化语言经验是否会对我们的汉语言运用造成不良影响。

第一，在纸笔手写逐渐被数字化书写替代的情况下，人们担心长期使用数字化书写会对汉语言文字的识记带来负面影响。

人民网（2007）呼吁：网络时代不能"握住鼠标丢了笔杆"②，这种顾虑不无道理。有针对大学生的调查发现③，出现不同程度的"提笔忘字"现象占被调查人数的 95.8%；有 51.7% 的被调查者承认经常对所需要写出的汉字只记得大致轮廓，而无法书写出正确的完整字形。这些现象似乎与数字化书写中经常使用汉字输入法有关。

汉字与世界上大多数民族所使用的表音文字不同，是一种独特的表意文字。表音（或拼音）文字，如英文，其基本单位是字母，计算机键盘上的26 个字母可以组合任意英文单词，这就决定了英文键盘输入的就是英文字体本体。而汉字的键盘输入与英文截然不同。汉字作为一种表意文字，其字形是"方块"形，因此无法直接输入汉字本体，需要汉字输入法软件进行转码。目前汉字输入法的编码主要有两种：音码和形码。从使用方面来看，

① Baron, N. S. Always on：Language in an online and mobile world [M]. Oxford：Oxford University Press，2008.
② 网络时代不能"握着鼠标忘了笔杆" [EB/OL]. 人民网 [2007 - 09 - 05]. http：//media. people. com. cn/GB/40606/6218837. html.
③ 臧迎欣. 智能拼音输入法对大学生汉字应用能力负面影响的调查研究 [D]. 沈阳：沈阳师范大学，2012.

音码输入法使用简单，只要懂得汉语的普通话发音，几乎不需要专门的学习，因此也是普及程度最广的汉字输入法。从语言产生的认知机制，尤其是书写产生（handwriting production）的认知机制看，长期使用汉字输入法，则可能改变汉字书写的认知机制。如有语言学者认为，长期使用汉字输入法，汉字本体在识记、保持和提取的环节都被音、形码所代替，实际上可能加强了对汉字代码的记忆，淡化了对汉字本体的记忆，从而影响汉字提取①。

第二，人们还担心，在网络社会交互过程中，青少年长期使用网络语言会对传统书面语言文字的学习和理解造成破坏。

网络语言借用谐音（美眉）、缩略（百度一下）、语义变异（恐龙），甚至数字（886）、字母（GG）、符号（→_ →）等表达方式改变了传统汉语言文字的语义、语法及用法。其对于传统语言是一种颠覆破坏，还是一种发展创新，并未有一致的结论。有人认为，网络语言是对传统语言的破坏，网络语言"与传统语言相比较，同中存异，个性鲜明。但其中另类语言和另类表达，冲击和颠覆着既有的语言规范"②。也有人认为对网络语言的泛化也不必过分紧张，甚至认为其"具有新颖、幽默、风趣、时尚，简洁省事、人情味浓、个性色彩强等特点，正好满足了青少年学生追求时尚、追求个性张扬的心理"③，因此可以利用网络语言激发学生的写作兴趣和创新欲望。

无论网络语言对传统语言文字是破坏还是创新，青少年群体开始在各种正式或非正式情境中使用网络语言已成为事实。有报道称，许多学生在作文中使用网络语言，"—小学语文老师表示，在不少学生作文中，甚至常用语都被网络化了。比如提意见叫'拍砖'，喜欢叫'稀饭'，看不懂叫'我晕'等。'批改作文就像在猜谜，有的词汇根本看不懂'"④。有人针对这种现象指出，"中小学生正处于语言学习阶段，语言的鉴别力弱，语言规范知

---

① 李锦昆. 计算机对汉语语言文字的负面影响［J］. 北京大学学报（进修教师论文专刊），2003：148－151.

② 李铁范，张秋杭. 网络语言的负面影响与规范原则［J］. 修辞学习，2006（2）：60－63.

③ 张扬. 网络语言对作文教学的积极意义［J］. 语文教学与研究，2008（5）：22－23.

④ 学生作文大量使用网络语言难住老师［EB/OL］. 学科网［2010－01－12］. http：//www.zxxk. com/Article/1001/89543. shtml.

识和应用能力尚不稳固，经常使用网络的另类表达方式会造成负面影响"①。我国教育部在《2012 年高等学校招生全国统一考试考务工作规定》中，则首次明确高考要用"现行规范汉语言文字"答卷，意味着拒绝网络语言出现在学生书面语言表达中。实际上说明，青少年对规范语言文字的学习和使用正面临着网络语言泛滥的挑战。

从实践上看，首先，长期使用数字化书写或者数字化书写低龄化，可能会对汉语字词学习和认知带来不良的影响。如手写的速度和流畅性下降，书写动作技能退化②，美国《时代》杂志撰文称这种趋势甚至会带来手写（handwriting）的"死亡"③；更重要的是汉字拼音输入法的长期使用可能带来字形记忆弱化现象④。其次，网络语言的经常使用，可能以非正式语言正字法代码取代或混淆正式语言代码⑤，导致非正式语词的不适当使用。因此，若研究能确证数字化书写及网络语言经验对字词认知带来不利影响，则可及时为教育管理机构、学校及家长提供相关对策建议，以采取一定措施将其不利影响最小化。

从理论上看，首先，主要以拼音输入法为基础的汉语数字化书写可能改变传统的字词学习与产生机制。汉语的数字化书写相比传统手写而言，至少有一点重要的不同：从既拼又写转变为只有拼而没有写，语音在数字化书写中变得更为重要，字形的产生则从回忆提取变成了再认选择。而汉字学习或运用过程的运动成分由手写动作变成了敲击动作，这对字词表征的"动作成分假设"⑥ 提出了挑战。如果研究能够证实数字化书写改变了字词产生的机制，则可能为汉语词汇产生理论提供一些新的启示。其次，网络语言的经常使用强化了语词的非正式语义，这些语义在心理词典中的贮存有可能给语

① 网络语言泛化：是喜，是忧？[EB/OL]. 新华网 [2007 – 07 – 18]. http：//news. xinhuanet. com/focus/2007 – 07/18/content_ 6366106_ 3. htm.

② Sülzenbrück, S., Hegele, M., Rinkenauer, G., et al. The death of handwriting：Secondary effects of frequent computer use on basic motor skills [J]. Journal of motor behavior, 2011（3）：247 – 251.

③ Suddath, C. Mourning the death of handwriting [EB/OL]. Time Magazine [2009 – 08 – 03]. http：//www. buffalo. edu/content/dam/www/news/imported/pdf/July09/TimeThorntonHandwriting. pdf.

④ 臧迎欣. 智能拼音输入法对大学生汉字应用能力负面影响的调查研究 [D]. 沈阳：沈阳师范大学，2012.

⑤ Baron, N. S. Always on：Language in an online and mobile world [M]. Oxford ：Oxford University Press, 2008.

⑥ Masterson, J. J., Apel, K. Effect of modality on spelling words varying in linguistic demands [J]. Developmental neuropsychology, 2006（1）：261 – 277.

词的传统语义带来一定程度的干扰，如果研究能够证实这点，则可为我们理解汉语字词的语义储存与提取提供新的研究证据。

综合上述两方面，人们已经注意到，数字化书写和网络语言使用这两种数字化语言经验可能对青少年群体汉语言文字的学习和运用造成负面的影响。但这种关注多充斥于各种经验叙事（如个人经验、媒体报道）之中，不仅对负面影响的内容界定含糊，且极为缺乏学习及认知心理方面的实证研究证据。由此，本书拟以青少年学生群体为对象，采取实证研究方法，探讨数字化书写及网络语言使用经验对其汉语言字词认知（包括字词拼写、字形提取、字词判断等方面）的可能影响。

本书的思路是首先在经验现象和已有研究文献的基础上提出数字化语言经验可能影响字词认知的问题。其次是对问题进行分析，认为该问题可能表现在：（1）数字化书写及网络语言使用经验与字词拼写成绩存在显著相关关系，这可能是由于数字化书写普遍使用的拼音输入法会强化字词拼音而弱化字形记忆；（2）网络语言使用越多，在短时启动状态下越容易激活其网络语义。最后是解决问题：以青少年群体为被试，通过系列调查测量和数据分析，构建数字化语言经验与字词拼写间的关系模型。进一步通过系列实验和数据分析，说明数字化语言经验之所以影响字词识别和产生的机制。

本书共包括七个方面的内容：首先是对已有研究文献中关于数字化语言经验的内涵及相关研究成果的梳理，其次是对汉字认知相关理论及研究方法的介绍，接着探讨了数字化语言经验对汉字认知的可能影响，进而提出本书所探讨的问题，然后采用实证方法分别对数字化语言经验与字词拼写的关系，拼音输入法使用以及网络语言经验对汉字认知的影响进行了探讨，最后是对整个研究进行总结和展望。整体研究流程及内容框架如下表所示：

本书的主要内容和框架

	引言	阐述研究背景及本书内容	
第一部分 理论研究	一、青少年的数字化语言经验	界定本书核心自变量概念及其现象特征	查阅文献，对前人相关研究进行总结和梳理，在此基础上提出本研究的基本问题。
	二、汉语字词认知的相关理论	界定本书核心因变量概念及其现象特征	
	三、语言经验对字词认知的影响及问题	本书因果关系推论及问题的提出	

（续表）

第二部分实证研究	四、青少年数字化语言经验与字词拼写间关系的调查研究	（一）研究准备：青少年数字化书写、网络语言使用经验、字词拼写问卷的编制及预测	为调查准备问卷材料，进行信效度检验。
		（二）子研究1：数字化书写经验与字词拼写成绩间的关系调查研究	通过样本调查，对收集到的数据进行统计分析，考察数字化书写经验与字词拼写成绩间的关系。
		（三）子研究2：网络语言使用经验与字词拼写成绩间的关系调查研究	通过样本调查，对收集到的数据进行统计分析，考察网络语言使用经验与字词拼写成绩间的关系。
	五、拼音输入法使用对汉语字词认知的影响	（一）实验材料准备：字词学习材料、语义启动材料、字词判断材料等	为下列实验研究准备实验材料，编制 E-prime 实验程序。
		（二）子研究3：键盘拼音输入与传统手写字词对字形提取的影响	通过追踪实验，对键盘拼音输入与传统手写字词效果进行对比，考察拼音输入对字形记忆的影响。
		（三）子研究4：拼音输入经验对形音一致性判断的影响	图词干扰范式下和语义启动范式下，比较高低拼音输入经验者对字词判断的反应时差异，考察其对义音和义形联结的影响。
		（四）子研究5：拼音输入经验对音韵判断的影响	在语义启动范式下，比较高低拼音输入经验者对字词音韵判断的反应时差异，进一步考察其对义音联结的影响。
	六、网络语言使用与汉语词汇认知的影响	（一）实验材料准备：网络语言与传统语言字词对	为下列实验研究准备实验材料，编制 E-prime 实验程序。
		（二）子研究6：网络语言经验对网络词汇传统语义判断的影响	采用语义相关性判断范式，考察在要求进行传统语义相关判断下，不同网络语言经验者的反应时和正确率的差异。
		（三）子研究7：网络语言经验对网络词汇网络语义判断的影响	采用语义相关性判断范式，考察在要求进行网络语义相关判断下，不同网络语言经验者的反应时和正确率的差异。
第三部分总结和展望	七、青少年数字化语言经验与字词认知关系研究的反思与展望		依据研究结果，对研究进行总结和展望。

第一章
青少年的数字化语言经验

本章的内容是对青少年数字化语言经验的国内外相关研究现状进行介绍，从数字化语言经验的内涵及两个主要方面——数字化书写及网络语言的研究进展——进行了述评，目的是让读者对相关主题的研究形成初步的了解和认识，也为本书将要提出的研究问题奠定基础。

第一节　数字化语言经验的内涵

对于语言经验（language experience）与数字化语言经验（digital language experience），到目前为止相关文献并未给出明确的定义。但从不少学者关于语言教学方法和双语者语言认知机制的研究中，我们可以窥见其含义。

在关于语言学习的教学方法中，存在一种指导低年级儿童阅读和书写的方法，称之为语言经验法（language-experience approach）[1]，该方法的核心思想是教师要求儿童就某一事物进行口头表达（如讲自己的故事或者看图说话），然后利用儿童的口述与其共同创作出某种形式的文本（如配文图画），再要求儿童重复进行阅读和抄写，目的是在儿童的口头语言和书面语言之间搭起一座桥梁，最后使儿童能够"能想的就能说，能说的就能写，能写的就能读，能读懂自己写的和其他人为我写的"[2]。显然，此处的语言经验指的是课堂上学生对语言的练习活动，如说、读和写，实质上就是以掌握语言为目的的语言使用。

---

① 杜世洪. 阅读教学的语言经验法简述 [J]. 国外外语教学, 1996 (2)：33 – 34.
② Stahl, S. A. , Miller, P. D. Whole language and language experience approaches for beginning reading: A quantitative research synthesis [J]. Review of Educational Research, 1989 (1)：87 – 116.

　　在关于双语者语言认知的研究中，语言经验主要是指"语言接触"（exposure to a language），即个体在生活中"曝露（exposure）"于某种语言环境下，既包括课堂环境中的语言学习①，也包括课堂外环境中的语言使用②。其和语言的"熟练度"存在一定的联系，如学习或使用某种语言时间越长，对其也会越熟练。但两者也存在区别，如一个熟练的双语者其两种语言的熟练度都高，但两种语言的接触程度却可能存在较大的差别。在二语习得领域，有学者专门编制了《语言经验与熟练度问卷》③，从语言经验和熟练度两个方面来评估双语者或多语者的语言轮廓，该问卷中语言经验是用语言接触（language exposure）时间来标定的，即在学校、家庭、工作等不同环境中以某种语言进行听、说、读、写等活动的总体时间。因此，语言经验在这里，更多的是指在特定环境下对某种语言的使用经历。

　　随着信息和通信技术的发展，各种数字化媒体开始进入学校，教师在教学中也开始运用数字化媒体指导学生的学习。同样在语言学习中，教师和学生也尝试采用数字化媒体作为教学工具及媒介，因此在前述的语言教学方法——语言经验法的基础上，产生了基于数字化媒体的语言经验法，称之为数字化语言经验法④（digital language experience approach），其过程例如：开始教师和学生共同选定一个主题（如手工制作）进行活动；教师在活动过程中用数码相机拍下照片，学生选择一系列照片加入计算机软件（如 Power-Point）以准备并讲述自己的制作故事，教师同时在软件中记录学生针对每一张照片的口述；然后由教师或者电脑将这些口述朗读出来，如果学生认为表达不充分，则当场在电脑屏幕上进行修正；最后学生跟着电脑语音一起朗读这些故事，教师利用打印机等设备将图文输出，鼓励学生抄写并朗读⑤。由此可见，数字化语言经验法并没有改变语言经验法的本质，其改变的只是

---

　　① Dong, Q., Xue, G., Jin, Z., et al. Brain Response is Shaped by Language Experience: Evidence from an fMRI Study on Beginning Second Language Learners [J]. 心理学报, 2004 (4): 448 – 454.

　　② 周晓林，玛依拉·亚克甫，李恋敬，等. 语言经验可以改变双语者的主导语言 [J]. 心理科学, 2008 (2): 266 – 272.

　　③ Marian, V., Blumenfeld, H. K., Kaushanskaya, M. The Language Experience and Proficiency Questionnaire (LEAP-Q): Assessing language profiles in bilinguals and multilinguals [J]. Journal of Speech, Language and Hearing Research, 2007 (4): 940.

　　④ Labbo, L. D., Eakle, A. J., Montero, M. K. Digital language experience approach: Using digital photographs and software as a language experience approach innovation [J]. Reading Online, 2002 (8): 24 – 43.

　　⑤ Turbill, J. Exploring the potential of the digital language experience approach in Australian classrooms [J]. Reading Online, 2003 (7): 41 – 52.

课堂上所利用的工具，即将数字化媒体设备运用于语言经验法教学中。

结合上述两个领域对语言经验的看法及语言教学领域数字化语言经验法的含义，我们可以认为，数字化语言经验指的是以数字化设备为媒介的语言活动经历，既包括学校环境中以数字化媒体为依托的专门语言学习（如CAI、网络学习），也包括校外生活中基于数字化设备的语言接触或使用，如基于数字化设备的文本阅读（电子书刊、网页浏览等），书写（键盘写作、屏幕手写等），交流互动（即时信息、电子邮件、手机短信、语音会话等）。

随着信息和通信技术的飞速发展，人们生活中的数字化语言经验也越来越丰富，越来越多样化。这些数字化语言经验与传统的语言经验之间既存在共同性也存在一定的差异性。其共同性表现在二者都是语言的接触或使用，包括口语（语音）和书面语言（文字）；其差异性主要表现在二者语言的接触或使用所借助的媒介有所不同，例如纸笔书写和计算机输入。正是随着数字化设备频繁介入我们的日常学习、工作和社会交流活动，才使得我们的语言经验在某些方面具备了与传统完全不同的特征。其中较为重要的改变主要表现在两个方面：一是传统的纸笔书写逐步被数字化书写所替代；二是在网络交互中形成了新的语言表达形式，即"网络语言"。

第二节　数字化书写及输入法使用

数字化书写（digital writing）或呈现在屏幕上的书写（on-screen writing）被界定为以数字化媒体为中介的操作字母组合以产生意义（meaning-making）的实践活动，其中包括便携式及台式电脑的使用、在线和离线的操作，字词处理程序和消息传递软件的利用[①]。根据此界定，数字化书写包括利用计算机字词处理程序书写文字，如办公文件、作业任务等，还包括利用计算机、手机等设备和互联网络编写文字信息进行传递，如电子邮件、短信息、即时消息、社交网站（博客、空间等）、网络论坛发言及评论等。

总体来说，数字化书写相比传统的纸笔手写（handwriting）而言，由于使用的工具和技术不同，从而带来两个不同的典型特征：

---

① Merchant, G. Digital writing in the early years [C] // Coiro, Julie, Knobel, et al. (eds.). Handbook of research on new literacies. New York: Laurence Erlbaum, 2007.

其一是使书写动作从较为连续的轨迹运动变为有节奏的敲击动作。数字化书写除了少数情况是利用手写板（屏）书写，与传统手写有相似之处外，大多数是需要按键书写（typewriting），如计算机键盘、手机虚拟键盘都需要间断的按键或触屏动作而不是相对连续的轨迹动作。Merchant（2006）基于这种变化，提出了数字化书写的四个基本原理①：距离原理（remote principle），即键盘或类似设备上的身体操作控制屏幕显示；定位原理（location principle），即字母、符号或字词是通过触摸、按压、点击或切换从键盘上选择的；按压原理（pressure principle），即手指的按压力度和持续时间会影响屏幕显示内容；节奏原理（rhythmic principle），动作联合成有节奏的模式并借以产生或修正文本。

其二是使书写文本（text）广泛应用于人们的社会交互中。早期依靠纸笔的传统书写形式的交互主要是信件往来（letters），而在当前基于信息和通信技术的书写形式的交互则种类多样。Baron（2008）从异步（asynchronous）和同步（synchronous）维度，一对一（one-to-one）和一对多（one-to-many）维度将数字化书写的交互形式分为四类：一对一异步，如电子邮件（email）、手机短信（text message）；一对一同步，如即时信息（instant message）；一对多异步，如博客（blog）、在线评论（online comment）、网络论坛（net forum）、社交网站（Myspace /Facebook，QQ 空间等）；一对多同步，如多人电脑会议（computer conferencing）、多人在线聊天室（chat room）。

对于中文的数字化书写来说，其相对于传统纸笔手写还具备第三个更为重要的特征：将直接的字形书写转变为以字母代码为中介的键盘输入（使用手写板或手写屏软件直接书写字形除外）。

对传统的中文纸笔书写来说，作者是直接在纸上用笔写出汉字的字形，而对中文的数字化书写来说，是无法直接在键盘上找到要书写的汉字的，这一点与英文截然不同。英文单词都是由 26 个字母分别组合而成的，键盘上也分布着相应的字母，输入单词只需要敲击对应的字母，如按顺序敲击"w，o，r，d"就能显示"word"这个单词，因此英文的键盘书写过程与纸笔相比除动作变为敲击之外，其他似乎没有根本的不同。而中文汉字由于其

---

① Merchant, G. A sign of the times：Looking critically at popular digital writing［C］//Greenhough P, Wan C Y, Andrews J, et al.（eds.）. Popular Literacies, Childhood and Schooling . London：Routledge, 2006.

独特的平面型表意特性，无法从键盘直接敲入，需要利用输入法软件进行转码，这就导致中文数字化书写与传统纸笔书写在过程上产生了根本的不同，即需要以字母代码为中介。

目前中文汉字输入法软件有两种转码方式：音码和形码①（张普，2008）。利用音码输入的汉字输入法称为拼音输入法，软件内置汉字词的字音和字体库，在利用键盘输入时，需要根据汉字的读音键入对应的字母，软件根据键入的字母或字母串自动匹配相应的汉字和词组，供输入者选择。如要输入"汉字"，则可以连续键入"h，a，n；z，i"五个字母，甚至可以简略韵母，如"han，z"或者"h，zi"，甚至直接输入声母"h，z"，也可以出现包括"汉字"的字词选择页面。目前的拼音输入法越来越向智能化方向发展，已具备了输入记忆功能、自动纠错和汉字拆分功能。以搜狗拼音输入法为例，输入记忆功能可以自动记录输入者使用的同音字词的频率，并将其从高到低排列，输入最多的字词排在最前，直接按"空格键"确定，不需要选择或者翻页。自动纠错功能则是指拼音输入法软件在输入者键入的拼音错误时，根据模糊和容错规则自动显示最为接近该读音的字词，如要书写"银行"，即使键入"yinghang"，同样显示"银（yin）行"。汉字拆分功能是指当要输入不知读音的字时，可利用辅助命令根据部首读音拼出汉字，如"氽（xiān）"，需键入"u，ren，shan"。

利用形码输入的汉字输入法叫形码输入法，目前常见的形码输入法有五笔输入法、纵横输入法、郑码输入法和仓颉输入法等。形码输入法都是以汉字的字形成分（笔画或部首）来编码的，与汉字的读音不存在任何关系。其基本原理是将汉字拆分成有限的基本成分，如"丿，乛，辶，纟，宀，扌"等，这些叫做"字根"，以五笔字型输入法为例，其大约有220多个字根按一定规律分布在25个字母键上，敲击不同键的组合等同于组合不同的字根以形成汉字或词组，如"汉"，需要按顺序键入"I，C，Y"；"汉字"则需键入"I，C，P，B"（取每个字的前两位编码）；"输入法"要键入"L，T，I，F"（取第一、第二字的首位编码，第三字的前两位编码）；四字词及以上取第一、二、三和末字的第一位编码，如"汉字输入法"为"I，P，L，I"。

两类输入法各有优缺点。音码输入法不需要进行专门的代码学习，只要

懂得普通话发音，就可以在键盘上输入相应的字音，并选择对应的字形。其容易快速掌握和推广，目前也是最为广泛使用的输入法。但由于汉字的同音异形字词相当多，在常用的 3979 个单字中，同音率为 72%，随字量的增加至 10000 字以上，同音率也上升至 90% 以上，而同音词（不考虑声调）的同音率也达到 23.3%①，因此影响拼音输入法的效率。形码输入法则刚好相反，由于汉字字根比较复杂，其输入规则需要专门的记忆和学习，需要大量地练习才能熟练掌握，因而不易推广。但由于其重码率很低，只要准确键入字根对应字母组合，则会直接出现相应字词，不需要选择，因而其输入效率高，也是专业汉字输入人员的首选输入法。

无论是拼音输入还是形码输入，与传统纸笔书写字形相比，似乎都改变了书写产生的过程。拼音输入是通过键入字母组合，进而转换成字形选择，字母中介了书写过程。使用形码输入汉字，不仅需要知道汉字的字形，还需要知道其字根在键盘上的分布即对应的字母键，因此其输入过程也不是直接键入字形，而是同样以字母代码为中介的。不同的是，前者字母中介的是字音，后者字母中介的是字形。因此对汉字数字化书写来说，存在一个字母代码中介的过程②。

第三节　青少年数字化书写状况

国内外很少有直接针对青少年数字化书写状况的研究，多是从一个较宽泛的范围调查青少年信息及通信技术（ICT）的使用情况，其中包括有计算机的使用、互联网的使用、移动电话的使用等，也有少量研究报告青少年网络社会交互使用的方式状况，如手机短信、即时消息、博客、社交网站等，这些都与数字化书写相关联。

2013 年皮尤研究中心的网络和美国人生活项目（Pew Internet & American Life Project）的一项调查③发现，美国青少年（12 ~ 17 岁）78% 拥有手

---

① 马显彬. 汉语同音现象分析［J］. 语文研究，2005（5）：15 - 19.

② 李锦昆. 计算机对汉语语言文字的负面影响［J］. 北京大学学报（进修教师论文专刊），2003：148 - 151.

③ Madden, M., Lenhart, A., Duggan, M., et al. Teens and technology 2013［R/OL］. Pew Internet & American Life Project.［2013 - 03 - 13］. http://www.pewinternet.org/files/old - media/Files/Reports/2013/PIP_ TeensandTechnology2013. pdf.

机，其中47%是智能电话；23%拥有平板电脑；80%拥有个人电脑（台式或笔记本），不拥有电脑的青少年中有67%可以和其他家庭成员合用，合计有93%的青少年有可供使用的电脑；74%的青少年不定期地使用手机、平板或其他移动设备上网；25%的青少年是手机网络使用者，对持有智能手机的来说，这一比例达到了50%。

Smith，Lee 和 Zickuhr（2011）对大学生的调查①发现，美国本科生59%的拥有台式电脑，88%的拥有笔记本电脑，5%拥有平板电脑，拥有移动电话的比率为96%；研究生拥有台式电脑比例为73%，笔记本为93%，平板为5%，移动电话为99%；社区学院学生台式机拥有比率为67%，笔记本为70%，平板为4%，移动电话为94%；三类大学生互联网使用率分别为98%，99%，94%。总体来说，美国大学生电脑拥有率超过90%，手机拥有率超过95%。英国的家校服务政府机构（U. K. Government Department for Children，Schools and Families，DCSF）2007 年调查发现，超过4/5的5～15 岁少年儿童拥有家庭计算机；5～7 岁儿童的46%，12～15 岁的75%使用互联网；12～15 岁儿童87%拥有移动电话，其中将近3/4 的人数每天使用②。

我国工业和信息化部《2014 年通信运营业统计公报》中指出，截至2014 年底，我国移动电话普及率为94.5 部/百人，互联网接入用户突破2亿户。香港特区政府统计处调查③（2013）指出，截至2013 年3 月份，香港居民家中有电脑的用户为81.9%，其中电脑接入互联网的为97.6%，笔记本占59.3%，平板占37.8%，1.4%为掌上电脑；10～24 岁懂得使用电脑的比率达到99%以上；10～14 岁年龄组在过去12 个月内曾使用互联网比率为93.8%，15～24 岁组为98.2%；10～14 岁年龄组拥有智能电话的比率为47.%，15～24 岁组的比率为85.1%。另据世界电信产业联盟协会（GS-MA，2009）对5 个国家的6000 多名12～18 岁青少年的调查显示：韩国青

---

① Smith, A, Lee, R, Zickuhr, K. College students and technology [R/OL]. Pew Internet and American Life Project. [2011 - 07 - 19]. http：//www. pewinternet. org/2011/07/19/college - students - and - technology/.

② Watt, H. J. How Does the Use of Modern Communication Technology Influence language and Literacy Development? A Review [J]. UK Contemporary Issues in Communication Science and Disorders, 2010 (38)：141 - 148.

③ 个人电脑及互联网的普及程度 [EB/OL]. 香港特别行政区政府统计处. [2013 - 11 - 8]. http：//www. censtatd. gov. hk/hkstat/srh/index_ tc. jsp.

少年的手机普及率达到 80.6%，其次是日本 77.3%、墨西哥 64.0%、中国 48.9% 和印度 30.6%。

　　也有与数字化书写有关的计算机使用和网络交互情况调查。Arafeh，Smith 和 Macgill（2008）对 700 名美国 12～17 岁青少年的调查发现①：16% 的被调查者通常使用电脑书写完成学校任务，14% 的同等使用手写和电脑书写，4% 的取决于学校任务类型，65% 的则经常使用手写，总体来说，至少有 86% 的青少年间或使用电脑书写学校作业，只有 9% 的从不使用电脑书写学校作业。据皮尤研究中心统计数据，美国 12～17 岁青少年网络交流行为中，80% 使用社交网站，如 Myspace/facebook，包括发群消息（50%）、博客评论（52%）、传递私信（66%）、评论照片（83%）、发送即时消息（58%）、网页评论（86%）等；16% 使用微博，如 Twitter；14% 创作在线文档或博客（online journal or blog）。Lenhart（2012）2011 年对 799 名美国 12～17 岁青少年的调查发现②，63% 每天和他人传递短消息，39% 每天用手机语音通话，29% 通过社交站点传递信息，22% 利用即时信息和他人交谈，19% 利用固定电话，6% 每天发送电子邮件。调查还发现，有 85% 青少年经常使用电子信息交互，其中包括短信息、电子邮件、即时消息和网络评论等，但 60% 的认为这些电子文本不是"书写"；网络交互行为中，选择发送短消息人数比率为 36%，即时信息为 29%，电子邮件为 16%，通过社交站点发送信息为 23%；58% 的青少年有自己的社交网络站点，如 Myspace，27% 的有在线博客，11% 的有个人网站。调查还发现，手机短信息在 12～17 岁青少年交流方式中占支配地位，平均每天短信发送 1～10 条的占 19%，11～20 条的占 12%，21～50 条占 20%，51～100 条的占 18%，101～200 条的占 12%，201 条以上的占 18%。英国《移动生活》报告③，英国 51% 的 18～24 岁青年平均每天接收或发送 6 条短信，8～11 岁儿童每周平均 16 条

　　① Arafeh, S., Smith, A., Macgill, A. R. Writing, technology and teens［R/OL］. Pew Internet & American Life Project.［2008 - 04 - 24］. http://files. eric. ed. gov/fulltext/ED524313. pdf.

　　② Lenhart, A. Teens, smartphones & texting［R/OL］. Pew Internet & American Life Project.［2012 - 03 - 19］. http://www. pewinternet. org/files/old - media/Files/Reports/2012/PIP_ Teens_ Smartphones_ and_ Texting. pdf.

　　③ Plester, B., Wood, C. Exploring relationships between traditional and new media literacies: British preteen texters at school［J］. Journal of Computer-Mediated Communication, 2009（4）: 1108 - 1129.

短信。从我国青少年手机使用来看，也有调查发现①②③，青少年朋友交往的主要途径也是手机短信，月发送量在 150 条以内的占 21%，150~300 条的占 33%，350~650 条的占 28%，650~950 条的占 11%，950 条以上的占 7%。

中国互联网络信息中心（2016）发布的《2015 年中国青少年上网行为调查报告》中指出，25 岁以下青少年网民集中分布在 12~24 岁年龄段，所占比例为 88.5%，意味着大部分青少年到初中才开始接触网络。我国青少年网民中，中学生群体占 38.3%，大学生占 14.4%，非学生群体占 32.6%。青少年网民中各类与数字化书写有关的互联网应用比例为：即时通信（青少年总体 92.4%，中学生 93.6%，大学生 98.3%），微博（青少年总体 37.6%，中学生 35.8%，大学生 61.9%），电子邮件（青少年总体 34.5%，中学生 24.8%，大学生 67.1%），论坛和 BBS（青少年总体 18.0%，中学生 13.8%，大学生 30.5%）。另外，青少年使用手机上网的人数规模达到 2.21 亿，手机上网比例在青少年网民中占 86.3%。在与数字化书写有关的手机网络应用中，其中即时信息的比例为 90.9%，手机微博 51.6%，手机论坛和 BBS 占 14.2%，手机电子邮件占 24.2%（CNNIC，2016）。

总体看来，我国青少年学生群体与数字化书写有关的网络应用比率相当高，首先是日常手机短信交流，其次是网络交流，按从高到低排序大致为即时信息（如 QQ）、微博、论坛和 BBS、电子邮件。其中最具代表性的是即时信息，12 岁以上青少年学生群体中的普及率达到 90% 以上。

第四节　网络语言运用

在以计算机为中介的交流（the computer-mediated communication CMC）产生之前，语言从运用方面被区分为书面语言（written language）和口头语言（spoken language）。Crystal（2006）从语言使用过程的特征对二者进行了区分④，如口头语言具有时效性、动态性和交互性，在口语运用中，表达和

① 刘素娟，闵凤. 当代青少年短信使用状况的调查分析 [J]. 思想理论教育，2008（9）：62–65.
② 袁潇，风笑天. 青少年手机需求及使用行为研究现状 [J]. 中国青年研究，2011（4）：78–81.
③ 张丽. 青少年手机使用情况的调查分析 [J]. 上海青年管理干部学院学报，2007（3）：49–51.
④ Crystal, D. Language and the Internet [M]. Cambridge：Cambridge University Press，2006.

反馈间几乎没有时间延迟，话轮交换通常是自发的且速度很快；句子边界通常是模糊的，交互具有松散的语法结构，例如停顿、重复、改正、中断等。而书面语言使用则有时间延迟，允许作者编辑和更正信息；其句子边界通常由标点符号清楚地界定，且其表达通常是清楚明白的。Baron（2008）则从语言结构的一系列特征对二者进行了区分①，如口头语言常见缩写式（如 won't），不常用缩写词（如 Mass.）及首字母缩略词组（如 CMC），用词更具体，词汇选择范围较少，较多使用俗语，多用第一和第二人称，结构简单，多是现在时，而书面语言则多与上述特征相反。虽然通常来说书面语更为正式，口头语更为非正式，但学者们②目前倾向于认为二者实际上应该坐落在一个连续体上，而不是具有绝对的分界线。

CMC 的语言形式是书面语言还是口头语言？20 世纪 90 年代，学者们大多数认为其基本上是一种二者的混合形式。Baron（1998）认为在很多方面，其类似于口头语言③，如没经过审查，许多第一人称和第二人称，常用现在时和缩写式，非正式且可能是粗鲁和庸俗的。但同时在某些方面又类似于书面语言，如较长的时效，通常也有广泛的词汇选择范围以及复杂的句法。Crystal（2006）考察了 CMC 的众多类型，包括网站、电子邮件、聊天等，将有些学者称为"written speech"或者"spoken writing"的网上交流话语，以"网络语言（net-speak）"来统一指称，并认为"网络语言有更多的特性接近书面语言而不是口头语言……最好将其看作向口头语言靠近的书面语言，而不仅仅是写下来的口头语言"④。

我国学者从 20 世纪 90 年代末开始关注网络语言的研究，历经网络语言的性质、文体特征、构词特点、修辞作用、规范性到网络语言与语文教学的关系，与社会文化的关系，以及探讨网络语言反映的网民社会心理特征，网络语言生成的认知机制等诸方面⑤。一般认为，网络语言有广义和狭义之

---

① Baron, N. S. Always on: Language in an online and mobile world [M]. Oxford: Oxford University Press, 2008.

② Chafe, W., Tannen, D. The relation between written and spoken language [J]. Annual Review of Anthropology, 1987（1）: 383 – 407.

③ Baron, N. S. Letters by phone or speech by other means: The linguistics of email [J]. Language & Communication, 1998（2）: 133 – 170.

④ Crystal, D. Language and the Internet [M]. Cambridge: Cambridge University Press, 2006.

⑤ 陈敏哲, 白解红. 汉语网络语言研究的回顾, 问题与展望 [J]. 湖南师范大学社会科学学报, 2012（3）: 130 – 134.

分①，广义的网络语言是泛指与网络有关的特别用语（如网购、淘宝、网恋等）、专业术语（如宽带、在线、黑客等）以及网民在网上进行交流互动的专门用语或数字、符号（如跪求、沙发、打酱油、88 等）。狭义的网络语言则专指网民网上交流的专门用语，是"由网民创造的、在网上流行的、约定俗成的语言表达方式"。本文所指的网络语言限定于其狭义。

由于汉语言相较拼音文字更为复杂，因而汉语言的网络语言类型更加多样化，研究者②发现，除了英文网络语言中常见的缩略语、省略表达、表情符号之外，还包括数字谐音（如 886、520）、汉语谐音（如偶、斑竹），拼音缩略（如 GG、BT），英文发音直译（如伊妹儿、猫），语义延伸（如青蛙、打酱油、火星人、灌水、美眉），新造词语（如写手、拍砖、菜鸟）等，还有一些更为复杂的既借谐音又有语义延伸的用语，如大虾（大侠的谐音，指资深网民），沙发（首发的谐音，特指第一位的跟帖或评论）。

学者们一般认为，汉语网络语言产生的主要认知机制是隐喻和转喻③④。认知语言学中的隐喻是指在不同概念域间，由于相似性联想，从一个概念对另一个概念的映射。大部分语义延伸类及新造词语类的网络语言都是这样形成的，如将在论坛上发表无意义的帖子称为"灌水"，将对他人发帖内容的批评和反驳称之为"拍砖"，将浏览且不发表意见者称为"打酱油"等。转喻则是指在同一概念域中，用一个部分来认识另一个部分或整体，或通过整体来认识部分。研究者（翟秀霞，2008）认为网络语言中的汉语谐音语词基本上都是由转喻机制生成的，包括数字谐音、汉字谐音、字母谐音、英语词谐音、方言词谐音等。也有部分语义延伸词也是通过转喻机制形成的，包括部分替代整体（如美眉）、同字替代（东东）、拆字（弓虽）等。

有研究者调查了 2000 名青少年，样本涵盖从初中到博士研究生群体，了解青少年对网络语言的使用和传播情况，结果发现⑤：从网络语言的熟悉度上看，按顺序分别为高中生、初中生、硕士生、博士生和本科生。该结果似乎与实际经验不相符合，研究者解释认为，主要是由于本科生取样大部分

---

① 李启航. 网络语言的生成机制研究 [D]. 曲阜：曲阜师范大学硕士学位论文，2010.
② 郭笃凌，郝怀芳. 网络语言的类型，特点及其语用学意义 [J]. 现代语文：下旬. 语言研究，2006（3）：65−67.
③ 余艳. 网络语言中汉字认知机制的价值 [J]. 图书与情报，2008（2）：98−100.
④ 张坚. 塞尔的隐喻解释原理与网络语言 [J]. 外国语文，2010（4）：49−51.
⑤ 靳琰，曹进. 网络语言使用与传播人群实证调查 [J]. 现代传播：中国传媒大学学报，2010（11）：111−115.

来源于农村地区，且经常上网的学生主要是打游戏，因而对网络语言的熟悉度最低。调查结果还发现青少年学生在网络语言使用的场合、频次、对象上具有显著的性别差异。通过一系列的分析，研究者最后得出结论：网络语言已成为青年学生开展人际传播与群体传播的重要媒介语言，是青少年网民群体内部交往的重要工具。

第二章
汉语字词认知的相关理论

　　人类语言活动的心理过程主要涵盖两个方面①：语言产生（language production）和语言理解（language comprehension）。语言产生是指利用语言表达思想的心理过程，其外在活动形式是说（speaking）和写（writing）；语言理解是指借助于听觉的或视觉的语言材料，在头脑中建构意义的心理过程，其活动形式是听（listening）和读（reading），后者包括出声朗读，也包括默读，即看。当代语言心理学倾向于将语言理解和产生看作为信息加工过程，并采用认知科学实验方法，如反应时记录法（词汇判断、语义分类等）、生理记录法（眼动、事件相关电位、功能磁共振成像等）和计算机模拟方法等对语言信息加工的过程、特点、神经机制及其相关影响因素进行探讨，是为语言认知研究。

　　若将语言认知看做信息加工过程，首先则需要对语言系统进行结构切分。从语言分析的角度看，Jay（2004）把语言的成分按从小到大的顺序分别为音素（phonemes，语言中有区分意义的最小发声单位，如/t/、/b/）、词素（morphemes）、词（words）、短语或词组（phrase）、单句（sentence u-nits）、话语（discourse）②。现代汉语也有类似的层级，按语法（syntax）单位从小到大的顺序，分别为语素③（或词素）、词、短语、句子和句群④。其中词素、词和固定短语都是语言的建筑材料，被统称为语汇。语汇最能反

---

　　① 彭聃龄，舒华，陈烜之. 汉语认知研究的历史和研究方法［C］// 彭聃龄主编. 汉语认知研究. 济南：山东教育出版社，1997.

　　② Jay, T. The psychology of language［M］. 北京：北京大学出版社，2004.

　　③ 现代汉语中将 morpheme 有时称为词素，有时称为语素。有人（钱乃荣，1995；刘叔新，2000）认为译成词素更为合适，因为从构词的角度看，它是一个词能够划分出的小于词的构词单位。本书统一称为词素。

　　④ 赵杰. 汉语语言学［M］. 北京：朝华出版社，2001.

映语言的发展状况，"一个人掌握的语汇越丰富，驾驭语言的能力就越强，思想表达就越精密"①。而词是语汇的主体，很多人又直接将语汇称为词汇，"一个民族的物质生活和精神生活的特点及变化都会在语言的词汇中留下它们的痕迹。"② 由此可见，词在语言系统中的重要性，因而在汉语认知研究中，词的认知研究占有重要地位，已有的大量相关研究主要都是以词作为对象的，尽管这些研究有的以"字词"，有的以"词汇"作为研究对象的指称。

需要指出的是，词素、词与字是三个既有联系又有区别的概念。词素是语言中最小的有音和义的结构单位，其功能是构词。汉语中一般以单音节词素居多，其书面形式就是一个汉字，如"礼"；也有少量的双音节词素（如"铿锵"）和多音节词素（如"罗曼蒂克"）。字实际上是词素的书写形式，是词素的记录符号。汉语中存在大量的一字一词素的形式，约占90%，但也存在一字多词素（如多义字"适"和多音多义字"参"），多字一词素（如"玻璃"）的情况。词则是语言中能独立运用的最小的音义结合体，功能在于造句。其既可能是单纯词，即一词单词素单字（如"天"）、一词单词素多字（"葡萄"），也可能是合成词，即一词多词素多字（如"语言"），后者在汉语的词汇中占绝大多数。

就词来讲，无论是单字记录的词还是多字记录的词，其都是形、音和义的结合体。Treisman（1960）认为在个体的心理层面，存在着词的表征系统，这个系统被称为心理词典（mental lexicon）。心理词典中的任一词条，均包含着词的语音（phonology）、词法（morphology）和语义（semantic）等信息，这些词条具有不同的激活阈限，当一个词条的激活超过其阈限时，该词条就被选择了。自心理词典理论提出后，研究者通过英文材料的实验结果，提出了一系列关于心理词典的储存模型，如 Collins 和 Quillian（1969）的"层次网络模型（the hierarchical network model）"③， "语义特征模型（the semantic feature model）"④，Collins 和 Loftus 的 "激活扩散模型（the

① 唐朝阔，王群生. 现代汉语（第2版）［M］. 北京：高等教育出版社，2012.

② 张永言. 词汇学简论［M］. 武汉：华中工学院出版社，1982.

③ Collins, A. M., Quillian, M. R. Retrieval time from semantic memory ［J］. Journal of verbal learning and verbal behavior, 1969（2）：240 – 247.

④ Smith, E. E., Shoben, E. J., Rips, L. J. Structure and process in semantic memory：A featural model for semantic decisions ［J］. Psychological review, 1974（3）：214.

spreading activation model)"①，及在其基础上改进的"词典网络模型（the lexical network model)"②。前三个模型均仅仅考虑到词义的表征联结，而最后一个模型将词的表征分为三个水平：概念水平（conceptual level）、词条水平（lemma level）、词位水平（lexeme level），从而涵盖了词的有关语音、语法、词形及词义的表征。

接下来的问题是，心理词典中既然存在词的音、形、义的表征，那么个体是如何通过外在的刺激（如声音或者书面字形）而通达词义的？或者反过来，个体又是如何从概念（词义）开始最终输出口头语词或书面字词的？前者即是字词识别的问题，而后者则是字词产生的问题。例如以汉语书面字词识别为例，正字法表征的单元是笔画还是部件？在正字法表征激活以后，是先通达语义还是先通达语音？词素的意义是否激活，其对整词意义激活是否存在影响？跟目标词语义相关的词是否也得到激活？等。自 20 世纪 80 年代中期开始，我国学者在上述方面展开了一系列经典研究，并提出了一些具体的字词识别及产生的模型。

第一节　汉语字词认知的实验研究范式

在早期字词认知研究中，研究者关注词的概念表征及其相互之间的联结强度。字词联想任务（word association）及语义确证任务（semantic verifica-tion）即是为了探测被试不同概念间的联结强度。前者在实验任务中，提供一个目标单词，如 money，被试的任务是尽快将出现在头脑中的与之相关的第一个单词报告出来，如 owe。该任务为了解被试概念间的联想提供了一个较为直观的窗口。语义确证任务则是向被试呈现一个短句，采用 A 是 B 的形式，如 A canary is a bird（对句）或 A chair is a bird（错句）。被试的任务是尽快判断该句子是对还是错。实验通过被试的反应时长短来推论不同词汇的概念表征间的距离长短，从而提出了语义储存的"层次网络模型"。

由语义确证任务发展出语义范畴判断任务（semantic categorization

---

① Collins, A. M., Loftus, E. F. A spreading-activation theory of semantic processing [J]. Psycho-logical review, 1975 (6): 407–428.

② Bock, J. K., Levelt, W. J. M. Language production: Grammatical encoding [C] // Gernsbacher MA (Ed.). Handbook of psycholinguistics. Amsterdam: Elsevier, 1994.

task），即判断一个词是否属于某个语义范畴，如呈现刺激词"玫瑰"，要求判断是否属于"花"，被试的反应时和正确率是分析语义加工的指标。该任务主要用来研究字词的语义加工①，也有研究者利用该任务探讨汉字识别中的形音义激活的相对时间进程②。

音素监控任务（phoneme monitoring）用于研究口语字词的识别。该任务利用听觉通道进行信息输入，给被试呈现一段口述，被试在听口述的同时，注意监控语音，当目标音素/b/出现时，按键反应，被试需要一边监控语音一边理解口述的意思。该实验任务有助于了解语音加工和语义加工的关系。Foss（1969）通过此任务发现跟随低频词后的音素监控的反应时，比高频词的慢，认为低频词比高频词的加工更困难。汉语字词研究中，也有将该任务改为以视觉呈现字词，对字词的语音中是否包含某韵母，如/a/等进行判断③。

色词干扰范式（Stroop paradigm），其经典范式是考察目标字（颜色词）的颜色和其语义之间的关系。当词义和颜色一致时，促进颜色命名；当词义和颜色不一致时，则干扰了颜色命名。研究者发展出此范式的变式，如提供与颜色词（红）字形相似的字词（江），与颜色词语音相同或相似字词（洪），与颜色词语义相关字词（血），分别探测形、音、义对颜色命名或判断的促进或干扰作用④⑤。

唱名任务（naming task）是指呈现字词后，被试尽快地大声读出字词的语音，通常用来探测字词的语音提取问题，由于可能同时激活字词的语义，所以也可用来研究词义通达的问题及其与语音激活的关系⑥⑦。

同一性判断（identity judgment），要求被试判断同时或相继呈现的词对

① 张积家，彭聃龄. 汉字词特征语义提取的实验研究 [J]. 心理学报，1993（2）：140－147.

② 陈宝国，王立新，彭聃龄. 汉字识别中形音义激活时间进程的研究（Ⅱ）[J]. 心理学报，2003（5）：576－581.

③ 彭聃龄，徐世勇，丁国盛，，李恩中，刘颖. 汉语单字词音、义加工的脑激活模式 [J]. 中国神经科学杂志，2003（5）：287－291.

④ Spinks, J. A., Liu, Y., Perfetti, C. A., et al. Reading Chinese characters for meaning: The role of phonological informa－tion [J]. Cognition, 2000（1）：1－11.

⑤ 张积家，和秀梅，陈曦. 纳西象形文字识别中的形、音、义激活 [J]. 心理学报，2007（5）：807－818.

⑥ Zhou, X., Marslen-Wilson, W. The relative time course of semantic and phonological activation in reading Chinese [J]. Journal of Experimental Psychology: Learning, Memory, and Cognition, 2000（5）：1245.

⑦ 周晓林，曲延轩，庄捷. 再探汉字加工中语音、语义激活的相对时间进程 [J]. 心理与行为研究，2003（4）：241－247.

是否相同①。可以分别进行形、音、义方面的判断，如形似、音近、义同等。还可以判断两个字是否包含同一个部首或笔画，两个词间是否包含同一个字；两字词读音是否包含同一个声母或韵母；两字词的语义是否相关等。研究者通常运用该方法探讨字词的形、音、义等信息的提取过程。

词汇判断（lexical decision）是字词认知研究中较为常用的实验任务之一。其典型过程是给被试呈现一些字符材料，其中包括真（字）词、假（字）词或非（字）词，被试的任务是对这些字符进行真词判断，以反应时和错误率作为分析指标。通过构造与真词有关的形似、音近等非词材料与真词进行搭配，可以探讨词的视觉特征、语音信息、词频等对字词识别的影响②。

以上是在字词识别研究中常见的实验范式，字词产生或言语产生的实验范式与字词识别不同。这是由于，字词产生的逻辑是从语义到字形或语音，因此其实验的目标刺激，不能是字词符号或语音，必须是与语义有关的刺激。字词产生或言语产生的实验范式有：

图片命名（picture naming），提供给被试一系列代表各种事物的图片，这些图片的名称已事先确定或经过学习，被试的任务是尽快对图片进行命名。在该任务的基础上，研究者发展出图片语义判断（如判断是否为动物），图片语音判断（如该图片名称是否包括字母 S）等任务，用以探讨言语产生中的义、音提取过程③。

为突破图形实验材料的限制，研究者发展出符号命名（symbol naming），要求被试在实验前通过学习建立特定符号，如"－"，与一些字词，如"土地"的联系，在正式实验中只呈现特定符号，被试尽可能快地命名它所对应的字词④。

图－词干扰（picture-word interference），目前在言语产生中应用最为广

① Condry, S. M. , McMahon-Rideout, M. , Levy, A. A. A developmental investigation of selective attention to graphic, phonetic, and semantic information in words [J]. Perception & Psychophysics, 1979 (2): 88 –94.

② Ding, G. , Peng, D. , Taft, M. The nature of the mental representation of radicals in Chinese: a priming study [J]. Journal of Experimental Psychology: Learning, Memory, and Cognition, 2004 (2): 530.

③ Santiago, J. , MacKay, D. G. , Palma, A. , et al. Sequential activation processes in producing words and syllables: Evidence from picture naming [J]. Language and Cognitive Processes, 2000 (1): 1 – 44.

④ 周晓林，庄捷，舒华. 言语产生研究的理论框架 [J]. 心理科学, 2001 (3): 262 –265.

泛的实验范式。在给被试提供的一系列图片中，加入不同性质的干扰词，这些干扰词与图片名称具有一定的关系，如语义相关、语音相近或者字形相似，被试的任务是忽略这些字词，尽快准确地对图片进行命名。图片与字词的呈现时间，根据实验目的的不同，可以同时呈现，也可以先后呈现，且其间隔时间可以从 -300ms 到 +300ms。研究者多利用此范式探讨词汇产生中形、音、义的激活顺序和特点①②。

无论是字词识别还是字词产生的研究，大多数实验任务都是和启动范式（priming paradigm）相结合。经典的启动范式为在目标字词（或图片）出现之前，先呈现一个与目标字词（或图片）相关的启动词，两个刺激的呈现时间间隔（stimulus onset asynchrony SOA）是固定的。根据实验的目的不同，该启动词可能与目标词（或图片名称）具有形似、音同（音近）或义近的关系，被试的任务是在启动条件下对目标词进行真假词判断或同一性判断，或者图片命名等任务。

由于启动效应中可能存在许多潜在的无法分离的干扰因素，如被试对启动词的有意识加工，以及启动刺激的映像记忆等。研究者也会使用掩蔽启动（mask priming）技术，分为前掩蔽和后掩蔽。前者为在启动词呈现之前先出现掩蔽刺激，后者则是掩蔽刺激出现在启动词之后、目标词之前，虽然其作用机制常不清楚仍存在分歧，但研究者运用该实验范式获得了比较清晰的启动效应，尤其是运用在字词认知的神经机制研究中③。

由于字词认知研究的需要，研究者通常会在同一实验序列中变换不同的 SOA，且其间隔时间均很短暂，两刺激的间隔时间通常在 40ms ~ 150ms 之间，这种启动范式被称为短时重复启动（short-term repetition priming）。前述的图 - 词干扰任务，若其 SOA 为 0 或正值，则为经典的图 - 词干扰实验；若 SOA 为负值，则意味着字词在图片之前呈现且起到启动作用，就是结合了启动范式的图 - 词干扰实验。这种范式多用以探讨字词音、形、义激活的时间进程，词内信息对整词识别的影响，以及字词产生中义音形之间的激活关系。

---

① 张清芳，杨玉芳. 汉语词汇产生中语义、字形和音韵激活的时间进程 [J]. 心理学报，2004（1）：1 - 8.

② Qu, Q., Damian, M. F., Zhang, Q., et al. Phonology Contributes to Writing Evidence From Written WordProduction in a Nonalphabetic Script [J]. Psychological science, 2011（9）：1107 - 1112.

③ Peng, D. L., Xu, D., Jin, Z., et al. Neural basis of the non-attentional processing of briefly presented words [J]. Human Brain Mapping, 2003（3）：215 - 221.

长时重复启动（long-term repetition priming）是基于短时重复启动发展而来，通常包括两个阶段的无明显关系的实验。第一个实验被称为学习阶段，任务是对启动刺激进行判断或命名，其实质是用来启动目标词或图片的相关信息，如语音；第二个实验被称为探测阶段，其任务是对目标刺激进行判断或命名。若第一阶段实验中的语音激活，给第二阶段的命名反应带来明显的促进，则认为存在长时重复启动效应。该实验范式并不太关心字词认知中各表征激活的时间进程，侧重于探讨各激活之间的相互关系，如字词产生中是否存在音码的中介①。

内隐启动（implicit priming）方法和长时启动类似，但被试不会察觉到需要启动的目标刺激之间的联系。如张清芳（2008）的实验研究②中，被试首先学习一些词对，如"海豹－夕阳；记忆－媳妇"，词对中的前者为启动词，后者为目标词。目标词有两类序列，一类为同源，具有共同的语音成分，如夕阳和媳妇的首字音节相同，一类为异源，无任何关系，被试的任务是见到启动词后马上命名对应的目标词。若被试在记住这些词对后，在随后的目标词命名实验中，同源类的命名更快，意味着被试有音韵准备。研究者通过变换同源的条件，则可以寻找到基本的音韵编码单位。

随着技术手段的更新和实验方法的改进，近年来人们开始探讨汉语字词认知加工的神经机制，利用 ERP、fMRI 技术研究大脑词汇信息加工的时间进程及定位。

第二节　汉语字词识别的模型及影响因素

Traft（1994）提出了一种英文的词汇信息加工模型"多层次交互激活模型（multilevel interactive activation model，MIA），随后在此基础上提出了中文字词识别的 MIA 模型③。该模型侧重于描写书面字词识别中的词内结构

① Damian, M. F., Dorjee, D., Stadthagen-Gonzalez, H. Long-term repetition priming in spoken and written word production: Evidence for a contribution of phonology to handwriting [J]. Journal of Experimental Psychology: Learning, Memory, and Cognition, 2011 (4): 813 – 826.

② 张清芳. 汉语单音节和双音节词汇产生中的音韵编码过程: 内隐启动范式研究 [J]. 心理学报, 2008 (3): 253 – 262.

③ Traft, 朱晓平. 词汇信息加工模型: 词形, 读音, 词素 [C] // 彭聃龄主编. 汉语认知研究. 济南: 山东教育出版社, 1996.

信息加工，当以视觉呈现一个词时，加工将从字词的笔画开始，激活各层次上的词形单元，同时也将激活与词形单元相联结的语音表征和词义表征。此过程中，激活既可以向上，也可以向下扩散。见图 2 - 1。

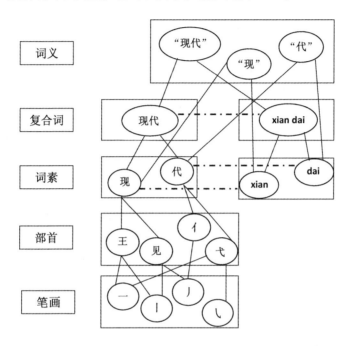

图 2 - 1　Traft 汉语字词加工的多层交互激活模型

该模型可以解释汉字识别中的笔画数效应、部件数效应及义符效应，即笔画数越多，识别该字的时间越长；部件数也影响汉字识别，但似乎仅存在于低频字中；部件的义符也能促进整字识别①。该模型由于假设了相连接的单元使用越频繁，其联结强度越大，激活更迅速。因此也能解释字词识别中的频率效应，即常用的高频字词比不常用的低频字词识别速度更快；同时由于模型中存在词素和整词的联结，因此对复合词来说，词素的高频率也有助于整词识别，支持在词汇通达表征中词素和整词表征共同存在的观点，这些得到一些实验结果的验证②。但该模型没有说明同一表征层次间各元素的相互关系。

---

① 陈新葵，张积家．义符熟悉性对高频形声字词汇通达的影响 [J]. 心理学报，2008（2）：148 - 159.

② Zhang, B., Peng, D. Decomposed storage in the Chinese lexicon [J]. Advances in psychology, 1992（8）：131 - 149.

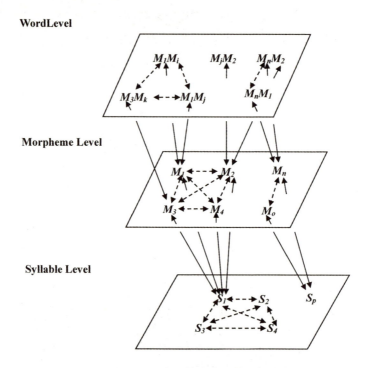

图 2 - 2 多层聚类表征模型

周晓林，Marslen-Wilson（1994）提出了汉语双音节合成词加工的"多层聚类表征模型（multi-level cluster representation model，MCR）"①，见图 2 - 2。与 MIA 模型一致的是，MCR 模型同样假设了音节、词素和整词之间的交互联系（图中的实线双箭头），但不同的是，该模型弥补了在同一层次内表征的激活竞争（图中的虚线双箭头），而且假设整词表征之间不存在直接联结，它们之间是由于共享某些词素间接产生联系的，该模型除可以解释词频效应和词素频率效应外，因此还可用以解释合成词加工中由于两词词素关系不同而带来的促进和抑制效应②，如共享同一词素的两个合成词，如草地 - 花草，前者对后者会产生促进效应；如果同音异义词素在启动与目标刺激的首位，如艺术 - 异常，则会产生抑制作用。该模型虽然考虑了词的音韵表征和词素、词义间的关系，但没有考虑字词的正字法（orthography）表征的

---

① Zhou, X., Marslen-Wilson, W. Words, morphemes and syllables in the Chinese mentallexicon [J]. Language and Cognitive Processes, 1994（3）：393 - 422.

② Zhou, X., Marslen-Wilson, W. Morphologid structure in the Chinese mental lexicon [J]. Language and Cognitive Processes, 1995（6）：545 - 600.

作用。

彭聆龄等人提出了复合词加工的水平间/内联结模型（a frame of Inter/
Intra Connection model，IIC）①，见图2－3。该模型也侧重于解释词素在复合
词中的作用，与 MCR 模型不同的是其词素和整词表征处在同一水平上，同
时考虑到另一水平的正字法表征。该模型相比 MCR 模型，很容易能够解释
词素义对复合词加工的抑制或促进作用。如"草"对"草地"的启动起到
促进作用，而对"草率"的启动则起到抑制作用。

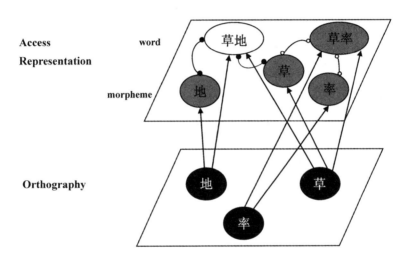

图2－3 中文复合词加工的 IIC 模型

这是由于合成词表征受到语义透明度的影响，透明词的词素和整词在词
义水平上的联结是相互促进的兴奋性联结，而不透明词则是抑制性联结。该
模型同样得到一些实验结果的支持②。但该模型没有纳入字词音韵的影响。

谭力海等人通过考察语音在双字词识别中的作用，提出了中文双字词的
视觉认知框架（framework of the visual recognition of Chinese two-character

———————

① Peng, D. , Liu, Y. , Wang, C. How is access representation organized? The relation of polymor-
phemic words and their morphemes in Chinese［C］//彭聆龄. 汉语认知研究：从认知科学到认知神经科
学. 北京：北京师范大学出版社, 2006.

② 王春茂，彭聆龄. 合成词加工中的词频，词素频率及语义透明度［J］. 心理学报，1999
（3）：266－273.

words, FVR)①, 图 2-4。

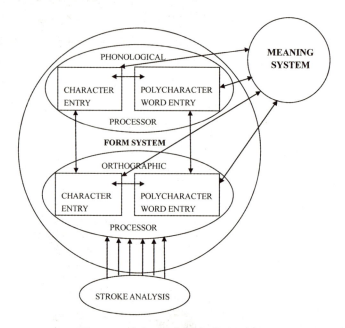

图 2-4 中文双字词的视觉认知框架

该框架整合了前人关于正字法表征及语音表征对词汇通达的影响, 认为双字词表征包含两个系统: 形式和意义系统。字单元和词单元在加工器中处于同一水平。在形式系统中, 一个字的字形与语音相联结, 同时也与整词相联结, 形音加工器都与意义节点相联结。识别系统首先分析字词的视觉特征, 被激活的成分字字形和整词字形将激活传递至相对应的语音单元, 同时两个成分字结合, 该结合受词频的影响。成分字的加工与整词加工具有相对独立性。该框架整合了字词正字法表征与语音表征间的关系, 认为视觉呈现字词必定会激活成分字和整词的正字法及其两者的语音表征, 解释了同音异形异义字词的语义一致性否定判断慢于无关字词的现象 (如仪器 - 遗弃, 仪器 - 设备), 同时也解释了包含同形异义多音字的真词判断慢于单音字组成的一致词 (如行走和见识)。跨感觉通道的研究也表明, 音形间的联结受同音字家族数和语义透明度的影响②。

---

① Tan, L. H., Perfetti, C. A. Phonological activation in visual identification of Chinese two-character words [J]. Journal ofExperimental Psychology: Learning, Memory, and Cognition, 1999 (2): 382 - 393.

② 周海燕, 舒华. 汉语音 - 形通达过程的同音字家族数效应和语义透明度效应 [J]. 心理科学, 2008 (4): 852 - 855.

周晓林等结合他人的研究成果，对 MCR 模型进行修正，认为 MCR 模型中词素和整词水平的表征本质上是语义的，同时整合了正字法及音韵表征，提出了中文合成词表征的典型模型（A prototypical model of lexical representation of compound words，PML）①，见图 2 - 5。

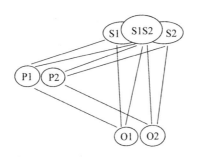

图 2 - 5　中文合成词表征的典型模型

该模型中，合成词及其成分在心理词典中都有正字法（orthography）、音韵（phonology）和语义（semantic）表征，而且合成词与其词素在这三个水平上的表征有许多重叠。在多数情况下，合成词在正字法及音韵表征水平上只是其成分词素表征形式的简单联结，而没有独立的整词表征。在语义表征水平上，合成词也分享许多其成分词素的语义特征，其覆盖程度受其语义透明度的影响。不同水平之间的表征是兴奋性联结，激活在其之间是双向的。

上述模型都是用于解释字词识别或理解的认知模型，不同的模型侧重点并不一样。MIA 模型侧重于考虑字词内的结构信息（如笔画、部首）等的影响；MCR 模型侧重于词素音节、词素义与整词义的关系；IIC 模型侧重于解释正字法、词素及整词的关系；FVR 模型侧重于正字法与语音表征间的关系；PML 模型则涵盖了整词与词素间的正字法、语音与语义表征关系。

第三节　汉语言语产生的模型及影响因素

近十几年来，字词认知领域的研究者们开始侧重于探讨语言产生（language production）的过程，既包括言语的产生（speech production），也包括

---

①　Zhou，X.，Marslen-Wilson，W.，Taft，M.，et al. Morphology，orthography，and phonology reading Chinese compound words [J]. Language and Cognitive Processes，1999（5 - 6）：525 - 565.

书面语言的产生（written production）。就言语产生来看，研究者一般都认为其过程包括概念化（conceptualizing）、系统化（formulating）、发音（articulating）等阶段。其中系统化阶段是言语产生的核心，此阶段又可以分为两个过程：语法编码（grammatical encoding）和音韵编码（phonological encoding）。前者与词义通达以及句法构造相关，后者则涉及词汇的形式（lexical form）：词法（morphology）和音韵（phonology），二者的信息都来源于心理词典中的词条（lemma）。其过程模型①见图 2 – 6（Levelt，2008）。

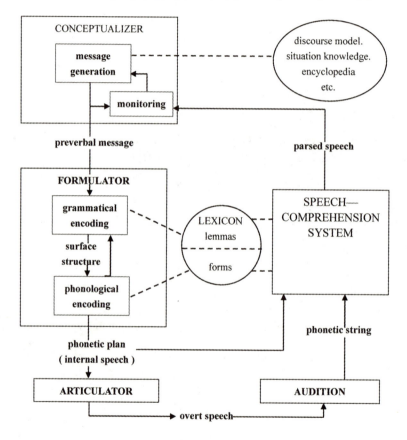

图 2 – 6　言语产生的过程模型

上述模型描述了口头言语的产生阶段，其中的系统化阶段实质上被看作词汇通达（lexical access）的过程，字词产生的词汇通达被认为包括两个阶

---

① Levelt, W. J. 说话的认知心理过程 [M]. 北京：外语教学与研究出版社，2008.

段：从语义激活到词条选择的阶段，以及与词条有关的语音编码阶段①，见图 2 - 7。

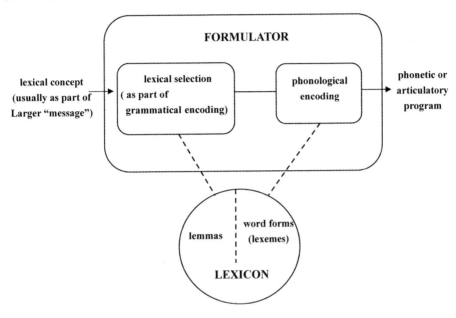

图 2 - 7 言语产生中的词汇通达两阶段

有两种代表性的模型被用来描述这个复杂的过程，一种是以 Dell 等（1986；1988）为代表的两步交互激活扩散模型②（图 2 - 8）。该模型认为词汇通达的基本过程是：语义特征节点将它们的激活扩散到相应的单词或词条节点，然后它们的激活再扩散至音素（phonemes）节点，激活的阶段在时间上存在重叠，且激活是交互的，音素的激活同时上传至词条以至语义节点③。

另一种是以 Levelt，Roelofs 等（1999，2001）为代表的独立两阶段模型④（图 2 - 9）。该模型对词汇通达的解释与 Dell 模型不同，区别主要在于仅概念层和词条层（语法节点：时态、数、性别等）的激活是双向的，从

---

① Levelt, W. J. Accessing words in speech production: Stages, processes and representations [J]. Cognition, 1992 (1): 1 - 22.

② Dell, G. S. A spreading-activation theory of retrieval in sentence production [J]. Psychological review, 1986 (3): 283 - 321.

③ 张清芳，杨玉芳. 言语产生中的词汇通达理论 [J]. 心理科学进展，2003 (1)：6 - 11.

④ Levelt, W. J., Roelofs, A., Meyer, A. S. A theory of lexical access in speech production [J]. Behavioral and brain sciences, 1999 (01): 1 - 38.

词条到形式层（词素节点、韵律和音素）则是单向的激活，而且这两个阶段在激活时间上是独立的。

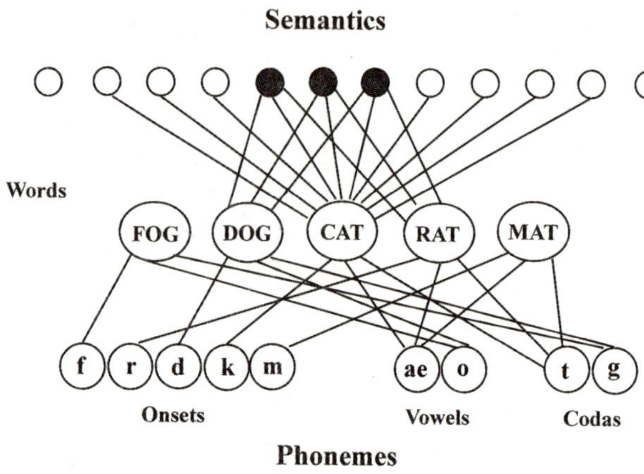

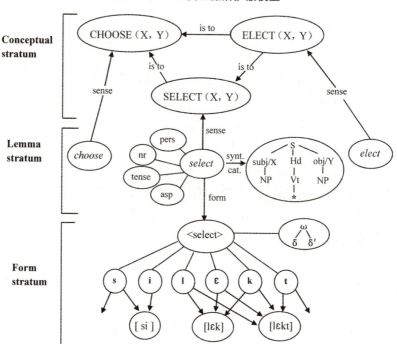

图 2 - 8　Dell 交互激活扩散模型

图 2 - 9　Levelt & Roelofs 独立两阶段模型

上述两个模型分别可以解释言语产生中的一些现象，如交互激活扩散模型可以解释"混合错误（mixed error）"（例如将 cat 说成 rat）；"词汇偏差效应（lexical bias effect）"（如"darn bore"被错误说成"barn door"的概率比把另外一些词对"deal back"说成"beal dack"的概率高3倍）；"重复音素效应（repeated phoneme effect）"，即当2个词汇相邻的音素相同时，这2个音素更有可能互换，比如错误形式"kit to fill"（正确形式为"fit to fill"）比"kit to fall"（正确形式为"fit to call"）发生的概率更高。而独立两阶段模型则可以解释口语失误中的"单词交换"和"声音替换"两种不同来源的错误，如this spring has a seat in it和heft-lemisphere。

在以汉语词为对象的研究中，研究者多运用图-词干扰范式探讨字形、语音或语义、语法的启动效应，同时探讨目标字音形义激活的时间进程，但并没有形成一致的结论①。庄捷，周晓林（2003）发现语音的激活并没有反馈到词条及语义层②；张清芳（2006）的实验也表明似乎不存在从音韵编码阶段至词汇选择阶段的激活反馈③；一项ERP研究则为独立两阶段模型提供了神经心理学证据④。另外一些实验则支持了交互激活扩散模型，如张清芳，杨玉芳（2006），周晓林等（2003）通过变化SOA，考察词汇产生中的音、形、义激活的时间进程，及音韵编码与语义编码间的相互作用，发现在语义激活与音韵激活间存在时间重叠的现象⑤。

研究者还从更具体的方面探讨言语产生过程，但同样存在争论。例如对语音编码的研究发现汉语言语音编码的单元是音位还是音节？对音位的编码是不是按从左至右的顺序序列进行？是临时的还是计划性的？⑥

---

① 刘颖，刘敏，蒋重清. 汉语言语产生的研究进展［J］. 辽宁师范大学学报（社会科学版），2009（6）：56－58.

② 庄捷，周晓林. 汉语词汇产生中语义语音之间层次的交互作用［J］. 心理学报，2003（3）：300－308.

③ 张清芳. 汉语单音节词汇产生中的激活反馈［J］. 心理科学，2006（6）：1382－1387.

④ 杨闰荣，韩玉昌，曹洪霞. 言语产生过程中语义、语音激活的ERP研究［J］. 心理科学，2006（6）：1444－1447.

⑤ 张清芳，杨玉芳. 汉语词汇产生中词汇选择和音韵编码之间的交互作用［J］. 心理学报，2006（4）：480－488.

⑥ Qu, Q., Damian, M. F., Kazanina, N. Sound-sized segments are significant for Mandarin speakers［J］. Proceedings of the National Academy of Sciences，2012（35）：14265－14270；Reply to O'Seaghdha, et al. Primary phonological planning units in Chinese are phonemically specified［J］. Proceedings of the National Academy of Sciences，2013（1）：E4.

第四节　汉语书写产生的模型及影响因素

汉语字词产生的另一个方面是书写的产生，目前关于这个主题的研究相当少。国外有研究者提出了图片书写命名的书写产生模型①（图2－10）。

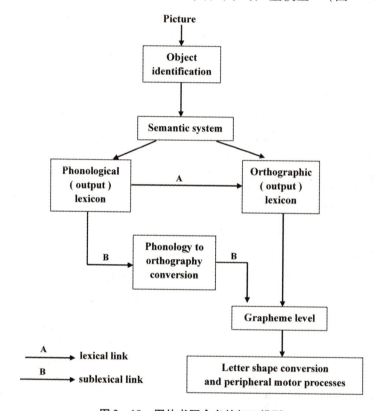

图2－10　图片书写命名的加工模型

研究者曾采用唱名任务探讨了英文单词中的"规则效应（regularity effect）"②，发现不规则词比规则词的唱名反应时更长。所谓"规则"指的是"形音一致规则（grapheme-phoneme correspondence rules，GPCs）"，即在

① Bonin, P., Peereman, R., Fayol, M. Do phonological codes constrain the selection of orthographic codes in written picture naming? ［J］. Journal of Memory and Language, 2001 (4): 688－720.

② Seidenberg, M. S., Waters, G. S., Barnes, M. A., et al. When does irregular spelling or pronunciation influence word recognition? ［J］. Journal of Verbal Learning and Verbal Behavior, 1984 (3): 383－404.

英文单词中字素 EA 的发音一般为/iː/,而不是/ei/, 由此, freak 被称为规则词, steak 则被称为不规则词。此类实验结果为英文字词识别中的双通道模型（dual-route model）提供了证据, 其中一条通道为"词汇通道"（A）, 即通过字形通达心理词典提取语音信息; 另一条为"亚词汇通道"（B）, 即不通过心理词典, 直接根据形音转换规则提取语音。但由于汉字同音字广泛存在, 即使有证据表明汉字命名也存在一定的规则效应, 即声旁读音与整字相符的命名更快, 仍然很难说有对应的 GPC 规则, 因此在汉语认知中这条通路是否存在依旧存在争论。

另外根据语言发展的过程, 口语早于书面语, 且在对正常人书写过程的研究中发现, 语音是自动激活的, 由此人们提出了语音中介假设（phonological mediation hypothesis）, 即通路 A 和 B。该假设认为从语义到字形的产生过程中, 语音信息先被激活, 且是必不可少的阶段, 这得到一些实验结果的支持①, 可也有实验结果并不支持该假设②。关于脑损伤病人的研究③则表明, 口语和书写产生似乎是两个分离的过程, 病人可能无法说出图片名称但能写出来, 或者相反, 意味着从语义到正字法的通路是直接的, 因而提出正字法自主假设（orthographic autonomy hypothesis）。近年的研究则发现亚词汇通路及义－形通路实际上都存在, 语音激活并没有约束正字法激活④。

以汉语词为对象的书写产生研究也存在类似的争论, 如研究者以图－词干扰范式发现, 中文书写产生中与图片名称的语音相关字（或音形均相关）有促进效应, 语音编码约束了正字法编码⑤; 在以 Stroop 范式进行的实验中则进一步发现, 与颜色一致的音近且声调相同的字（紫－子）存在启动促

———————

① Afonso, O., Alvarez, C. J. Phonological effects in handwriting production: Evidence from the implicit priming paradigm [J]. Journal of Experimental Psychology: Learning, Memory, and Cognition, 2011 (6): 1474 – 1483.

② Shen, X. R., Damian, M. F., Stadthagen-Gonzalez, H. Abstract graphemic representations support preparation of handwritten responses [J]. Journal of Memory and Language, 2013 (2): 69 – 84.

③ Rapp, B., Benzing, L., Caramazza, A. The autonomy of lexical orthography [J]. Cognitive neuropsychology, 1997 (1): 71 – 104.

④ Damian, M. F., Dorjee, D., Stadthagen-Gonzalez, H. Long-term repetition priming in spoken and written word production: Evidence for a contribution of phonology to handwriting [J]. Journal of Experimental Psychology: Learning, Memory, and Cognition, 2011 (4): 813 – 826.

⑤ Qu, Q., Damian, M. F., Zhang, Q., et al. Phonology Contributes to Writing Evidence From Written Word Production in a Nonalphabetic Script [J]. Psychological science, 2011 (9): 1107 – 1112.

进效应，提示书写产生中字词语音编码中声调的作用①。但也有实验证据发现，汉语词书写产生中也存在从语义到正字法的直接通路②。

　　研究者整合了国外关于不同感觉通道书写产生研究的结果，总结了书写的认知理论模型③，见图2－11。该模型纳入了从听觉通道呈现刺激的情况，其中的音形转换系统类似于图2－10中的B通道，即亚词汇通路。另外，该模型还存在着从语音输入到字形输出间的非语义中介通路，该通路有来自失写症病人研究的支持证据④。

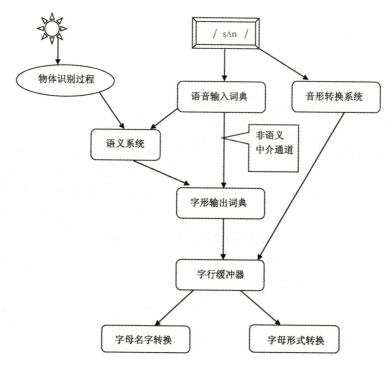

图2－11　书写的认知理论模型

结合这两个书写产生模型以及前述的字词识别模型来看，实际上在汉语

---

①　Damian, M. F., Qu, Q. Is handwriting constrained by phonology? Evidence from Stroop tasks with written responses and Chinese characters [J]. Frontiers in psychology, 2013 (4): 1 - 13.

②　王成，尤文平，张清芳. 书写产生过程的认知机制 [J]. 心理科学进展，2012 (10)：1560 - 1572.

③　刘洁，毕延超，韩在柱. 语言书写机制的研究进展：来自失写症的证据 [J]. 心理科学进展，2008 (1)：26 - 31.

④　Yin, W. G., Weekes, B. S. Dyslexia in Chinese: Clues from cognitive neuropsychology [J]. Annals of Dyslexia, 2003 (1): 255 - 279.

字词认知的心理词典表征系统中，语义、语音和正字法的联系应该是双向的。有人提出了一个整合识别汉字词（阅读）和产生的理论框架①："中文阅读和书写的功能模型（functional model of reading and writing in Chinese）"，见图 2 - 12。

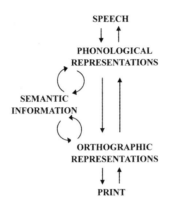

图 2 - 12　中文阅读和书写的功能模型

　　该模型既囊括了不同通道的字词识别或理解过程，也包含了不同通道的字词产生过程。如视觉识别字词，其正字法表征被首先激活，也扩散至语义和语音表征，语义和语音表征还有反馈作用；对听觉识别来说，首先激活的是语音表征，后扩散至语义和正字法表征，同样也反馈至语音表征。对言语产生来说，语义表征的激活同样会扩散至正字法表征，而对书写产生来说，正字法的激活可以是直接的，也可能是间接通过语音表征的。

---

　　① Weekes, B. S. , Yin, W. , Su, I. F. , et al. The cognitive neuropsychology of reading and writing in Chinese [J]. Language and linguistics, 2006 (3)：595 - 617.

第三章
语言经验对汉语字词认知的影响

　　从语言获得和发展的角度来看，语言的学习和使用经验是不可缺少的重要因素。儿童口语发展"关键期"中的社会交往活动，以及书面语言发展中对语言文字的专门学习和使用，都是语言发展必不可少的先决条件（朱智贤，1980）。本章将对前人所发现的语言经验对字词认知的影响结论进行初步总结，特别介绍了有关数字化书写活动及网络语言经验对字词认知的影响，分析已有研究中的争论和存疑之处，进而提出本书欲研究解决的问题。

第一节　一般语言经验的影响

　　有许多研究表明，儿童和成人的语言认知加工都有可塑性，语言经验是影响语言认知加工的一个重要因素①。

　　儿童的语言经验对语言的认知加工存在一定影响。Cheung 等人②的研究发现，儿童早期的口语经验和正字法学习对其语音意识的发展存在显著的正向作用。通过分离年龄和语言经验的影响，研究者发现早期没有语言经验的个体（如先天性耳聋）相对于有过口头语言经验或者符号语言经验（后天性耳聋）的个体，在手语句子判断的加工任务中水平表现更差，认为语言经验的缺乏会导致语言学习能力的严重损害③。Nittrouer 和 Burton（2005）

---

① 朱朝霞，刘丽，丁国盛，彭聃龄. 拼音输入法经验对汉字字形和语音加工的影响 [J]. 心理学报，2009（9）：785 – 792.

② Cheung, H., Chen, H. C., Lai, C. Y., et al. The development of phonological awareness: Effects of spoken language experience and orthography [J]. Cognition, 2001 (3): 227 – 241.

③ Mayberry, R. I., Lock, E., Kazmi, H. Development: Linguistic ability and early language exposure [J]. Nature, 2002 (6884): 38.

对 5 岁儿童的研究发现，早期的语言经验影响儿童的言语知觉（speech per-ception）和语音意识（phonological awareness），慢性中耳炎儿童在口语工作记忆和句子理解上与正常儿童存在显著差异①。语言经验的影响还表现在二语学习中，研究者对讲西班牙和英语的双语儿童研究发现②，儿童的哪种语言经验更高，则利用哪种语言进行的翻译任务表现得更好。研究者还发现目标语的经验越少，则儿童的接受 – 表达间语义差距越大③。

　　研究发现由于语言经验的不同，可能导致的大脑激活模式也不同。May（2011）等人④用近红外脑成像技术扫描 0 ~ 3 天新生儿对熟悉语言、不熟悉语言以及非语言刺激的大脑反应，发现熟悉和不熟悉语言刺激引起的反应存在明显差异。Eunjoo Kang（2004）等人采用 PET 扫描技术，探查了先天性耳聋和后天（3 岁以前）耳聋的儿童，对其在植入人工耳蜗之前和植入后间隔一段时间进行脑部扫描，发现某些脑区的代谢衰退和代谢增强程度，相比控制组（正常听力的成人）有显著性差异⑤。

　　对成人而言，不同的语言经验也会影响目标语言的认知加工。双语者在词汇通达过程中，其激活时间通常要长于只掌握一种语言的人，这在图片命名任务和词汇判断任务中均有证据⑥。也有研究者用眼动实验研究了双语者的段落阅读，发现双语者在阅读中 L2 的词频效应大于 L1，且 L2 经验越多，L2 的词频效应越小，但 L1 的词频效应越大，L2 经验调节了两种语言的词

————————————

　　① Nittrouer, S., Burton, L. T. The role of early language experience in the development of speech perception and phonological processing abilities: Evidence from 5-year-olds with histories of otitis media with effusion and low socioeconomic status [J]. Journal of communication disorders, 2005 (1): 29 – 63.

　　② Sheng, L., Bedore, L. M., Pe. a, E. D., et al. Semantic development in Spanish-English bilingual children: Effects of age and language experience [J]. Child development, 2013 (3): 1034 – 1045.

　　③ Gibson, T. A., Pe. a, E. D., Bedore, L. M. The relation between language experience and receptive-expressive semantic gaps in bilingual children [J]. International Journal of Bilingual Education and Bilingualism, 2014 (1): 90 – 110.

　　④ May, L., Byers-Heinlein, K., Gervain, J., et al. Language and the newborn brain: does prenatal language experience shape the neonate neural response to speech? [J]. Frontiers in psychology, 2011 (2): 1 – 9.

　　⑤ Kang, E., Lee, D. S., Kang, H., Lee, et al. Neural changes associated with speech learning in deaf children following cochlear implantation [J]. Neuroimage, 2004 (3): 1173 – 1181.

　　⑥ Bialystok E, Poarch G. Language Experience Changes Language and Cognitive Ability [J]. Z Erziehwiss, 2014 (3): 1 – 14.

频效应①。成人语言经验的影响同样存在神经心理学证据，如研究者采用MEG 技术比较了美国人和日本人对不同音位的加工，行为和脑磁图结果反映出日本人比美国人更不能区分/r－l/的差异，且加工非本族语需要更多的大脑资源和激活，推论出早期特定的语言经验使大脑产生了对该语言声音特性的"神经承诺（neural commitment）"②，从而干扰了第二语言的加工。也有研究者采用 ERP 技术，考察了讲汉语和讲英语者，在训练前和训练后对变化了的泰语发音音调知觉上的差异，发现其对泰语音调的区分依赖于自己的本族语，英语者对早期音高较为敏感，而汉语者则对音调变化更敏感③。Krishnan 等人采用 EEG 技术，通过对汉语和泰语刺激的脑干反应分析，发现讲汉语者和讲泰语者对整个声调的音高追踪精确性要高于讲英语者，认为加工音高维度的脑干神经机制受该语言旋律模式的影响④。Zou 等人⑤利用fMRI 技术和图片命名任务对讲汉语者且熟悉手语的中国被试进行考察，发现其一些脑区的功能性联结相比普通被试有显著的增强，推论其母语的产生过程包括两种语言的交互作用，认为第二语言的学习改变了母语的脑功能网络。

我国研究者对双语者或二语学习的研究同样也显示出，外语经验对母语的加工存在影响。如周晓林等⑥对维吾尔语－汉语以及朝鲜语－汉语大学生的语义启动词汇判断研究表明，语言经验可以改变词汇形式表征的加工速率以及从形式表征出发激活词汇意义的模式，可能使第二语言成为主导语言。李利、莫雷和王瑞明（2008）对熟练中英双语者通达不熟练的第三语言词义的研究表明，第二语言的熟练水平是影响晚期双语者语义通达方式的主要因

① Whitford, V., & Titone, D. Second-language experience modulates first-and second-language word frequency effects: Evidence from eye movement measures of natural paragraph reading [J]. Psychonomic bulletin & review, 2012 (1): 73 - 80.

② Zhang, Y., Kuhl, P. K., Imada, T., et al. Effects of language experience: neural commitment to language-specific auditory patterns [J]. NeuroImage, 2005 (3): 703 - 720.

③ Kaan, E., Wayland, R., Bao, M., et al. Effects of native language and training on lexical tone perception: An event-related potential study. Brain research, 2007 (1): 113 - 122.

④ Krishnan, A., Gandour, J. T., Bidelman, G. M. The effects of tone language experience on pitch processing in the brainstem [J]. Journal of Neurolinguistics, 2010 (1): 81 - 95.

⑤ Zou, L., Abutalebi, J., Zinszer, B., et al. Second language experience modulates functional brain network for the native language production in bimodal bilinguals [J]. NeuroImage, 2012 (3): 1367 - 1375.

⑥ 周晓林，玛依拉·亚克甫，李恋敬，等. 语言经验可以改变双语者的主导语言 [J]. 心理科学, 2008 (2): 266 - 272.

素，晚期双语者记忆表征中的语义通达方式在本质上是一种经验性变化①。崔占玲等采用跨语言重复启动范式，考察了藏－汉－英三语者在词汇判断中的表现，发现语言熟练度和语言相似性是影响词汇选择的重要因素，也是影响三种语言词汇间联系的重要因素②③。李利等（2012）采用跨语言长时竞争启动范式探讨汉语为第二语言学习者的图片命名反应时，发现其言语产生中存在跨语言干扰④。董奇等（2004）则采用 fMRI 技术考察了初学英语者的中国儿童在音韵判断任务中的表现，发现虽然中英文任务激活了共同的左额下回脑区，但相比中文任务，英文任务更多的激活双侧顶叶区域，而额叶的激活程度则显著低于中文，说明外语的学习经验改变了脑区的激活模式⑤。

总之，语言运用和学习经验对语言认知加工存在一定的影响，无论是在存在语言障碍者还是双语者的语言认知加工研究中均得到证实，而且这种影响存在大脑相关语言功能区域的激活证据。

第二节 数字化书写活动的影响

数字化书写通常是和 ICT 的使用紧密结合在一起的，由于拼音文字的特点，国外研究者较少剥离 ICT 使用和数字化书写间的联系，且侧重于探讨学校 ICT 运用实践对学生读写能力的影响。

有不少研究探讨了 ICT 使用与青少年读写能力（literacy）之间的关系。Torgerson 和 Zhu（2003）为了解 ICT 对 5～16 岁青少年读写技能的影响，对截止至 2003 年总数为 2319 篇的相关主题文献进行筛选，最后对符合要求的 12 篇实证文献进行了元分析。这些研究中应用的 ICT 技术包括：计算机辅助教学（CAI）、网络计算机系统（教室内网）、字词处理软件包、基于计算

---

① 李利，莫雷，王瑞明. 熟练中－英双语者三语词汇的语义通达［J］. 心理学报，2008（5）：523－530.

② 崔占玲，张积家. 藏－汉－英三语者语言联系模式探讨［J］. 心理学报，2009（3）：208－219.

③ 崔占玲，张积家. 藏－汉－英三语者词汇与语义表征研究［J］. 心理科学，2009（2）：559－562.

④ 李利，郭红婷，华乐萌，等. 汉语为二语学习者言语产生中的跨语言干扰［J］. 心理学报，2012（11）：1434－1442.

⑤ Dong, Q. , Xue, G. , Jin, Z. , et al. Brain Response is Shaped by Language Experience：Evidence from an fMRI Study on Beginning Second Language Learners［J］. 心理学报，2004（4）：448－454.

机的文本（电子文本）、语音合成系统。具体的读写能力包括：朗读（read-ing）和阅读理解（reading comprehension）、语音意识（phonological aware-ness）、书写（writing）、拼写（spelling）。对 12 篇文献中的 20 项研究比较发现 13 项有积极效应，其中 3 项统计显著；7 项报告消极效应，其中一项统计显著。作者指出，元分析显示缺乏有力证据支持 ICT 的广泛使用对英语语言文字学习的积极影响①。教育领域研究者（2008）关注在美国中小学校进行的一对一笔记本电脑（one-to-one laptop program）教育项目对学生的读写过程和效果的影响，发现该项目在阅读教学中能提供更多的支架，学生的写作活动更多，有更多的协作，目的性和真实性更明显，更多样化，但并未提高测验成绩分数以及弥补高低社会经济背景学生间的差距②。但也有类似的研究表明该项目对处于不利的儿童而言有重要帮助，认为多样化的学习者有计划地使用数字化媒介能发展其读写能力和成就③。

有研究也关注了计算机书写和手写间的关系④。Goldberg, Russell 和 Cook（2003）收集了 1992—2002 年间语种为英语的 76 篇研究文献，纳入 26 篇进行元分析，以考察计算机使用对初等和中等教育学生（K-12 student）书写技能的影响，这些研究集中于探讨计算机书写和纸笔书写间的数量与质量差异，其中 14 项研究支持计算机书写在数量（单位时间字词数）上的优势，15 项研究支持质量（流畅性、书写错误等）优势，有 6 项集中于书写修正的研究则呈现出不一致的结果⑤。有学者比较了不同要求下，6 和 11 岁儿童运用纸笔和计算机进行写作（composition）的差异，在无提纲简单回忆任务情况下，发现年级小的儿童用键盘书写确实要慢且流畅性低；但在有要求的情况下（提供提纲），所有儿童都会更慢，结果指出计算

---

① Torgerson C, Zhu D. A systematic review and meta-analysis of the effectiveness of ICT on literacy learning in English 5 – 16 [R]. Research Evidence in Education Library. London：EPPI-Centre, 2003.

② Warschauer, M. Laptops and literacy：A multi-site case study [J]. Pedagogies：An International Journal, 2008（1）：52 – 67.

③ Zheng, B., Warschauer, M., Farkas, G. Digital writing and diversity：The effects of school laptop programs on literacy processes and outcomes [J]. Journal of Educational Computing Research, 2013（3）：267 – 299.

④ 陈京军, 许磊. 手写与键入影响读写效果的研究争论及启示 [J]. 现代教育技术, 2016（7）：18 – 24.

⑤ Goldberg, A., Russell, M., Cook, A.. The effect of computers on student writing：A meta-analysis of studies from 1992 to 2002 [J]. The Journal of Technology, Learning and Assessment, 2003, 2（1）：2 – 20.

机键盘书写不会给儿童带来任何速度和流畅性方面的益处①。反而说明，无效率的书写动作会带来更差的写作质量。有人在美国《时代》杂志撰文称ICT 会对传统的读写技能造成破坏，甚至会带来手写（handwriting）的"死亡"②。研究者从书写动作技能退化的角度提供了相应的研究证据③，还有人指出计算机的自动拼写检查更正功能，以及信息通讯的速度实际上鼓励了拼写和输入错误④。计算机使用对书写技能的影响到底是促进还是在破坏，依然没有明确的结论。

还有研究关注比较儿童早期采用键盘输入和手写学习字词的效果。早在1990 年，Cunningham 和 Stanovich 采用被试内设计，考察了小学一年级学生分别用手写、计算机输入和字母方块排列方法学习拼写的效果，发现手写的后测成绩显著优于计算机键盘输入。但随后，Vaugh（1992）在控制先前正字法经验和在采用个体化反馈之后，将对象扩展至小学三、四年级学生，重复前述研究程序，发现手写和键盘输入效果不存在显著的差异⑤。进一步在学习失能儿童的拼写教学中，研究者同样未发现手写和键盘输入的效果差异。接下来，研究者将对象扩展为学前儿童和成人，比较其通过手写和输入两种方式学习新字母或符号后的再认成绩，结果发现大龄幼儿的手写优于键入，对成人的研究则发现在间隔一周内的测试中，不存在显著差异，但三周后的测试则发现手写训练优于键盘输入⑥；同一时期，研究者还考察了小学儿童利用计算机软件进行读写学习和拼写测试的效果，结果发现利用软件学习及测试拼写与传统手写学习和测试方式之间不存在显著差异⑦。但最近有关

① Crook，C.，Bennett，L. Does using a computer disturb the organization of children's writing？［J］. British Journal of Developmental Psychology，2007（2）：313 – 321.

② Suddath C. Mourning the death of handwriting［EB/OL］. Time Magazine［2009 – 08 – 03］. http：//www. wilmette39. org/central/cent_ news/handwriting death. pdf.

③ Sülzenbrück，S.，Hegele，M.，Rinkenauer，G.，et al. The death of handwriting：Secondary effects of frequent computer use on basic motor skills［J］. Journal of motor behavior，2011（3）：247 – 251.

④ Crystal，D. Language and the Internet［M］. Cambridge：Cambridge University Press，2006.

⑤ Vaughn，S.，Schumm，J. S.，Gordon，J. Early spelling acquisition：Does writing really beat the computer？［J］. Learning Disability Quarterly，1992（3）：223 – 228.

⑥ Longcamp，M.，Boucard，C.，Gilhodes，J. C.，et al. Remembering the orientation of newly learned characters depends on the associated writing knowledge：A comparison between handwriting and typing［J］. Human Movement Science，2006（4）：646 – 656.

⑦ Masterson，J. J.，Apel，K. Effect of modality on spelling words varying in linguistic demands［J］. Developmental neuropsychology，2006（1）：261 – 277.

对学习新字母的脑功能成像的研究证据表明，手写字母相对于键盘敲击更多激活了大脑的相关区域，动作成分可能是早期儿童大脑进行字母加工的重要补充，动作和视觉的联系相当重要①；尽管如此，但针对比字母更复杂的字词学习而言，手写和键盘输入依然具有同等的效果②。

我国学者关于数字化书写活动和字词认知的关系方面，较为集中于探讨汉字输入法的使用经验带来的影响。如谭力海等人（2013）调查了我国儿童使用拼音输入法键盘输入汉字与字词阅读之间的关系，结果发现儿童严重阅读困难发生率比以前所报告的更高，且其阅读分数与拼音输入法经验分数成显著的负相关关系，认为拼音输入法使用阻碍了儿童汉语阅读能力发展③。也有研究者探讨了这种现象产生的机制，张积家，李茂（2010）采用实验方法探讨了汉字输入法对汉字形、音、义联结的影响，发现惯用拼音输入的个体加强了汉字音义间的联结，而惯用五笔输入法的则加强了形义之间的联结④，暗示长期使用拼音输入法可能会导致形义联结弱化，从而产生字形记忆弱化。与该结论相反的是，钱华，冯志成（2004）探讨了汉字输入法对汉字字词加工的影响，结果发现汉字输入法及输入速度对汉字认知加工有明显影响，即形码输入法和拼音输入法对形、音加工均有积极影响⑤（在形似字和同音字判断任务中正确率不存在显著差异），但前者侧重于形，后者侧重于音（反应时有差异）。另一项研究则同样采用实验方法表明，拼音输入法经验既促进了字音加工，又促进了字形加工⑥。似乎与前两项研究存在一定的矛盾。作者解释说是由于该研究仅涉及汉字阅读层面，而不是汉字产生层面，暗示着拼音输入法对汉字词认知的影响似乎在阅读和产生方面有不同的机制。

---

① James, K. H., Engelhardt, L. The effects of handwriting experience on functional brain development in pre-literate children [J]. Trends in neuroscience and education, 2012 (1): 32 – 42.

② Ouellette, G., Tims, T. The writing way to spell: printing vs. typing effects on orthographic learning [J]. Frontiers in psychology, 2014 (5): 1 – 11.

③ Tan, L. H., Xu, M., Chang, C. Q., et al. China's language input system in the digital age affects children's reading development [J]. Proceedings of the National Academy of Sciences, 2013 (3): 1119 – 1123.

④ 张积家，李茂. 汉字输入法对汉字形、音、义联结的影响 [J]. 心理科学，2010 (4): 835 – 838.

⑤ 钱华，冯志成. 汉字输入法对汉字字词加工的影响研究 [J]. 心理科学，2004 (6): 1368 – 1370.

⑥ 朱朝霞，刘丽，丁国盛，等. 拼音输入法经验对汉字字形和语音加工的影响 [J]. 心理学报，2009 (9): 785 – 792.

第三节　网络语言经验的影响

Watt（2010）认为，"一个广为人知的担心是少年儿童可能会将'网络语言'（如词的缩略形式：b4 = before）用于不适当的语境，如写作测验中。"① 美国有调查发现②，12 ~ 17 岁的青少年学生中，50% 以上的承认有时会在学校书写任务中使用非正式书写风格，38% 的使用过类似于短信息和即时信息中的缩略语，25% 的曾使用过表情符号。同样在拥有手机的青少年中，有 42% 的在学校任务中使用缩写式，而没有手机的青少年，这一比例是 30%。

Sutherland（2002）在英国卫报上发表文章认为，这种网络语言的风格会对少年儿童的读写技能和发展造成破坏③。Crystal（2006）也认为网络语言的风格，如常用短句、缩略语，甚至表情符号等会蔓延到儿童的书面语中，导致语法和句法规则被忽视。Baron（2008）曾提出网络语言的使用可能给传统的书写带来以下三个方面的负面影响④：第一，强化了把书写作为非正式口头语言的表征。由于即时信息（电子邮件或短信）倾向于非正式的交流模式，但又不同于说话，因此，网络语言中类似 cuz（because）或者 ya（you）等词实质上是口语的正字法表征，而不是书面语的正字法。由此可以推测，若长期使用类似的网络语言，则强化了口语的书面化，可能以口语的正字法代替书面语的正字法表征，那么在书面语的产生中则不自觉地运用口语正字法，从而产生混淆替代。第二，增长了传统字词书写的不确定性。传统的书写构词规则看似很简单，一个形容词加上名词组合通常形成一个单独的概念，因此连词通常会写成一个单词，如 blackboard。然而问题并非如此简单，人们对诸如 e-mail 还是 email，on-line 还是 online 等词总是持

① Watt, H. J. How Does the Use of Modern Communication Technology Influence language and Literacy Development? A Review [J]. UK Contemporary Issues in Communication Science and Disorders, 2010 (37): 141 – 148.

② Omar, A., Miah, M., Sasa, H., et al. Impact of technology on teens' written language [J]. International Journal ofAdvanced Trends in Computer Science and Engineering, 2012 (1): 9 – 17.

③ Sutherland, J. Cn u txt [N/OL]. The Guardian. [2002 – 11 – 11]. http://www.guardian.co.uk/technology/2002/nov/11/Mobile – phones2.

④ Baron, N. S. Always on: Language in an online and mobile world [M]. Oxford: Oxford University Press, 2008.

有不一致的意见。在网络上交流，对由一簇词合成的词汇来讲，经常不能确定其是一个单词、连字词还是两个词，如 newspaper，news-paper，news paper，而这三者都能通过计算机的拼写检查，长此以往，传统书面字词的标准化拼写就会变得模棱两可。第三，鼓励了拼写错误。计算机拼写软件通常具有拼写检查和自动纠错功能，这就会导致网络交流者拼写错误而不自知，如即使将 capitalization 写成 capitolization，计算机会自动将后者更改为正确的拼写，久之，错误的拼写会被保持下来被用于传统的纸笔书写中。因此，基于技术的网络语言的使用似乎剥夺了个体发展正字法的机会。

　　然而，"尽管上述担心看起来是正确的，却没有研究证据证实。网络语言使用是否导致较低的语言文字技能也一直未见有相关研究报道。"不仅有研究者（Lanchantin et al，2012）考察了即时信息（IM）中的语言风格，并指出传统的阅读和写作习惯与 IM 语言代码并没有特定的关联。还有人发现儿童关于短信息缩略语的知识与其学校中的读写能力存在正相关关系。研究者调查了 6~7 年级的 88 名儿童（10~12 岁之间），测查了其短信息缩略语（"textisms"）的使用度、单词朗读和拼写、词汇水平及语音意识等，结果发现缩略语使用比率越高，儿童的单词朗读成绩、词汇水平及语音意识越强，且在控制年龄、短时记忆、词汇知识、语音意识及拥有手机时间长短后，发现短信使用能预测其字词朗读能力①。

　　人们对汉语网络语言的影响存在同样的担心。李铁范，张秋杭指出网络语言日益向传统语言渗透，其不规范问题的负面影响大大加剧②。有人指出网络语言分别在语音、词汇和语法方面可能对传统规范语言教学及学习造成负面影响③。同时，人们也注意到网络语言的运用也可能给传统的语言学习带来积极效应。张扬认为网络语言的运用经验，可以促使学生进行语词创新，激发写作兴趣④。楼向红也指出网络语言的运用可以培养学生的语言能力，能促使学生识别语言符号与语境的匹配，感悟语境，对语言进行创

---

① Plester, B., Wood, C., Joshi, P. Exploring the relationship between children's knowledge of text message abbreviations and school literacy outcomes [J]. British Journal of Developmental Psychology, 2009 (1): 145–161.

② 李铁范，张秋杭. 网络语言的负面影响与规范原则 [J]. 修辞学习，2006（2）: 60–63.

③ 孙果哲. 网络语言对中学语文教学影响的研究 [D]. 石家庄：河北师范大学硕士学位论文，2007.

④ 张扬. 网络语言对作文教学的积极意义 [J]. 语文教学与研究，2008（5）: 22–23.

造①。然而，网络语言经验对传统的字词认知是否存在积极或消极影响，以及这种影响的机制是什么，还未发现有明显的实证研究证据。

就英语网络语言与标准英语间的认知加工差异而言，国外研究结论一致指出：英语网络语言与标准英语的关系类似于母语与第二语言的关系。研究者采用持续注意反应任务（SART）发现，不同网络语言经验的被试在传统词汇的加工上不存在差异，但在网络语言词汇的加工上高经验者反应更快，错误率更高②。也有学者采用语义启动范式结合真假词判断任务，探讨了英语网络语言（缩写式，如 see you—c u）的语义启动效应，结果发现传统短语启动和网络语言缩写式都具有对其语义相关词的启动效应③。还有人采用经典的语义不一致（incongruity）范式引发 ERP 中的 N400 成分，比较了标准英语和网络语言加工的时间进程，结果发现，在对网络语言和标准语言都很熟练的被试上，两种条件下都引发了类似的 N400 成分，但网络语言语义不一致的潜伏期延迟且扩展至 500～700ms，类似于母语和第二语言的加工差异④。近年，研究者采用近红外成像技术（fNIRS）发现，英语网络语言加工中，右脑前额叶皮质激活显著强于标准英语加工的激活，网络语言的加工代价更大⑤。

国内学者关于网络语言的研究，多局限于结构语言学（如探讨网络语言的性质、词汇、句法等）、社会语言学（如探讨其对社会文化、社会心理的影响及其规范等问题）的视角⑥，而鲜见从心理学视角出发，探讨网络语言和传统语言认知加工关系的实证研究报告。近年来，唯一的实证研究文献报告发现⑦：个体在网络语言和标准汉语语义不一致条件下，相对于语义一致条件均诱发了 N400 更高的波幅，且网络语言加工具有更晚的潜伏期和更

---

① 楼向红. 论网络语言对语言教学的影响［D］. 昆明：云南师范大学硕士学位论文，2006.

② Head, J., Russell, P. N., Dorahy, M. J., et al. Text-speak processing and the sustained attention to response task [J]. Exper-imental brain research, 2012 (1): 103 - 111.

③ Ganushchak, L. Y., Krott, A., Meyer, A. S. (2012). From gr8 to great: lexical access to SMS shortcuts. Frontiers in psychology, 2012 (3): 150.

④ Berger, N. I., Coch, D. Do u txt? Event-related potentials to semantic anomalies in standard and texted English [J]. Brain and language, 2010 (3): 135 - 148.

⑤ Head J, Wilson K M, Helton W S, et al. Right Hemisphere Prefrontal Cortical Involvement in Text-Speak Processing [J]. Proceedings of the Human Factors & Ergonomics Society Annual Meeting, 2013 (1): 379 - 383.

⑥ 陈敏哲，白解红. 汉语网络语言研究的回顾，问题与展望［J］. 湖南师范大学社会科学学报，2012（3）：130－134.

⑦ 赵庆柏，柯娓，童彪，等. 网络语言的创造性加工过程：新颖 N400 与 LPC［J］. 心理学报，2017（2）：143－154.

长的持续时间。在语义一致性条件下，网络语言比标准汉语诱发了一个更负的新颖 N400 和一个更正的晚期正成分（LPC），分别反映了新颖网络含义的识别以及新颖语义信息的整合与新颖语义联结的形成，证明网络语言加工属于创造性思维过程。总之，在网络词汇的使用是否影响传统词汇理解和产生的问题上，还存在很多待解的问题。

第四节　尚需探讨的问题

从以上文献综述可以总结出，已有对字词认知的研究主要是从认知心理学角度展开的，集中于字词的音形义表征形式、音形义之间的激活关系、字词认知的脑激活模式以及字词自身的因素，如笔画、部件、词频、语义透明度、具体性等对字词认知过程的影响等，研究者在其基础上构建了描写字词认知的各种理论模型，这些模型各有侧重，且都有研究证据的支持。就语言经验对字词认知的影响而言，研究主要集中于儿童的早期语言经验对其语言能力（包括读写、语音意识等）的影响和双语者的语言认知加工特点，如对熟练双语者与母语者语言加工的比较等。基于数字化媒介的语言经验，即数字化语言经验对字词认知的影响似乎还没有完全引起研究者的重视，由于拼音文字的特点，国外相关研究多从 ICT 使用的角度探讨其对读写能力的影响，比较有代表性的是讨论计算机书写和手写对字词学习影响的比较，仅有少量实证研究探讨了网络语言使用经验的影响。而在国内，为数不多的有关汉字输入法经验对字词认知影响的研究中则呈现出相互冲突的结论，至于网络语言经验的影响，则还鲜见有实证研究的证据。上述领域已有的相关研究成果为本研究奠定了重要的基础，但仍存在一些值得探讨的问题，具体而言主要有：

第一，数字化书写与青少年字词认知，如阅读、拼写等之间的关系是不明确的。首先，国外虽然有众多对 ICT 使用经验与青少年读写能力关系的研究，但由于 ICT 涵盖面比较宽泛（包括计算机使用、网络使用、手机使用等，具体行为包括软件学习、娱乐、作业、信息交流等），且基于拼音文字的特点，这些研究都没有剥离出 ICT 使用中的数字化书写与字词认知间的关系，因而二者的关系是不明确的。其次，即使国外关于 ICT 与读写能力间的关系研究较多，但并没有得到明确一致的结果，有不同的研究证据支持相互冲突的结论。最后，虽然最近国内有学者注意到与数字化书写有关的拼音输入法经验和儿童字词阅读间的负相关关系①，但从中文数字化书写的过程上看，拼音输入的后续阶段是字词识别选择，拼音输入经验实际上是与字词识别选择联系在一起的，理论上应该是拼音输入经验越多，字词识别选择表现越好，而后者是和字词阅读能力联系在一起的，因此，该研究结果与理论推论出现了一定的冲突，作者未对此作出明确的解释。由于该研究采用调查法，受不可控的因素，如儿童使用拼音输入时的活动、上网时间等影响较大，更重要的是儿童在后续的阅读测验中所认读的字词不能保证是儿童曾经拼音输入过的字词，结论需要进一步检验。有研究表明②，网络（电脑）使用是学业成就的远端变量，其影响可能是积极的，也可能是消极的，取决于学生所从事的活动，如搜索文本，进行阅读，则会提高阅读测验成绩③；如使用网络有过度倾向，则对成绩有消极影响④。是否由于拼音输入法经验多的被试，网络接触更频繁，因而显现出字词阅读成绩的下降呢？该研究者未控制诸如网络接触时间、频率、所从事的不同活动等因素的影响，因此结论有待检验。

　　第二，与中文数字化书写有关的中文输入法对字词认知的影响机制仍然不太明确。首先，虽然对大学生的调查表明"提笔忘字"现象及无法完整拼写字形的现象很普遍，人们也推测这些现象可能跟过多使用中文拼音输入法有关，但目前还未发现直接的实证研究证据。其次，研究者虽然期望通过不同输入法经验者的字形字音判断反应时实验，证明拼音输入法经验可能弱化义形间的联结，以间接说明拼音输入法经验可能对字形产出造成负面影响。但在该类为数不多的研究中，出现了相互冲突的结论，有拼音输入法经验既促进语音也促进字形加工，也有拼音输入促进字音加工，五笔输入法或形码输入法促进字形加工。上述研究结果间的冲突，可能有两个原因：一是实验任务不同，有简单的形似字和同音字判断任务，有结合图片语义启动的字音字形一致性判断任务，有声韵母和部件判断任务；二是上述实验研究程序多是先呈现字形，然后进行判断，实际上考察的是字词识别过程，而拼音

---

　　①　Tan, L. H., Xu, M., Chang, C. Q., et al. China's language input system in the digital age affects children's reading development [J]. Proceedings of the National Academy of Sciences, 2013 (3): 1119–1123.

　　②　程建伟，刘华山. 互联网使用：促进还是抑制青少年思维发展 [J]. 教育研究与实验，2007 (5): 51–56.

　　③　Jackson, L. A., Von Eye, A., Biocca, F. A., et al. Does home internet use influence the academic performance of low-income children? [J]. Developmental psychology, 2006 (3): 429–435.

　　④　范方，苏林雁，曹枫林，等. 中学生互联网过度使用倾向与学业成绩、心理困扰及家庭功能 [J]. 中国心理卫生杂志，2006 (10): 635–638.

输入实质上是字词产生的过程，实验程序存在一定的不足。

第三，网络语言使用经验或者熟悉度与字词认知的关系及其影响机制仍然是不清楚的。首先，虽然国外学者基于拼音文字的特点，提出网络语言的使用经验可能对传统书面语言使用造成负面影响，并分析了其原因，但该观点一直未得到实证研究的证实，反而存在相反的研究证据①，这种理论推论与实际研究上的冲突并未得到充分的解释。其次，网络语言使用与字词认知或读写能力间的关系并未引起国内心理学者的重视，相关讨论多见于语言学和教育学等学科的文献，且多是理论探讨，其观点也呈现相互矛盾和冲突的特点，一种认为网络语言相比传统语词而言通常是不规范的，其使用会给传统语言学习和认知带来负面影响；另一种则认为网络语言代表活力和创新，恰好可以显示学习者的语言经验的灵活性和丰富性，对传统语言的学习和认知也具有促进效应。当然也有人持辩证的观点，认为网络语言对传统语词的学习和认知既存在正面的也存在负面的影响，但研究者并未详细说明不同影响产生的条件因素。上述理论观点，目前都还未发现实证研究的支持。

基于上述分析，本书将研究目标集中于我国青少年数字化语言经验与字词认知间的关系。数字化语言经验内容广泛，包括如书写、阅读、语音等方面，而前述的相关理论和实证研究提示，数字化书写与网络语言经验可能对字词学习与认知造成影响，由此本研究着重于探讨数字化书写与网络语言使用这两种在青少年群体中广泛存在的活动。至于字词认知，其包含内容也较为广泛，至少有字词识别和字词产生两个大的范畴，本研究将从字词再认、回忆书写、义－形一致性判断、义－音一致性判断、语义一致性判断等更为具体的角度探讨上述两种经验对字词认知的影响。

结合已有研究的不足，本研究的主要研究问题是：

第一，数字化语言经验尤其是青少年群体中广泛使用的数字化书写、拼音输入经验以及网络语言使用经验是否会影响其字词再认及书写成绩？

第二，键盘拼音输入学习字词的效果如何？其相对于手写学习方式是否存在不足？

第三，拼音输入经验是否会对字词的义－形和义－音联结造成影响？

第四，网络语言使用经验是否会减弱词形与传统义之间的联结？

---

① Lanchantin, T., Simoës-Perlant, A., Largy, P. The case of Digital Writing in Instant Messaging: When cyber written productions are closer to the oral code than the written code [J]. Psychology Journal, 2012 (3): 187 –214.

第四章
青少年数字化语言经验与汉语字词拼写

　　本章的主要任务是采用问卷调查方法，收集青少年数字化语言经验和字词拼写能力方面的数据，利用回归分析与路径分析，控制上网时间、语文成绩等可能影响变量，考察数字化书写经验及网络语言使用经验与字词拼写成绩间的关系。基础工作是编制一份具有信效度的调查问卷。

第一节　调查材料的编制及检验

一、预测问卷的编制

　　数字化书写经验问卷部分（见附录 1 第二部分）。依据前人相关研究（Merchant，2007）提示，数字化书写除常规的使用电脑书写作业外，还主要与交流互动中的手机短信、即时信息、博客/空间、论坛评论、社交网站、电子邮件等活动相关联①。

　　首先，结合中国互联网中心（2014）对青少年网络行为的调查结果所揭示的，青少年网络交互中排名前列有代表性的书写活动：即时信息（电脑/手机 QQ、微信）、微博/博客/空间、贴吧/论坛/评论、电子邮件，再整合手机短信息和电脑书写作业等，确定初始问卷的数字化书写经验部分内容应该共涵盖上述六类与数字化书写有关的活动。

　　其次，通过对初高中学生及大学生的个别访谈（被访 6 名学生来自于，初中：湖北省随州市尚市镇二中、湖南省湘潭市湖南科技大学附属初中；高中：湖北省公安县闸口镇公安县三中、湖南省资兴市市立中学；大学：华中

---

　　①　Merchant, G. Digital writing in the early years［C］//In Coiro, Julie, Knobel, et al.（eds.）. Handbook of research on new literacies. New York：Laurence Erlbaum, 2007.

师范大学、湖南科技大学），初步了解青少年学生利用手机或电脑的时空特点，以及使用互联网络的内容及形式特点，以在编制问卷时进行参考。访谈的问题包括如：你使用手机或电脑吗？你通常在哪里使用手机和电脑？你平时大概一周有几次会使用手机和电脑？你使用手机和电脑通常会用来干什么？等等。手机或电脑使用随年级增长有从单一到丰富化的特征，如初中生使用手机大多是游戏、聊天功能；高中以上学生则有短信、聊天、上网、微博、空间、论坛、购物等方面。

其三，结合访谈的结果提示，以及借鉴相关的调查问卷，对问卷项目进行搜集、编写和修正。问卷内容主要涵盖两个部分：第一部分是数字化书写活动情况描述问卷，其中分为手机短信、电脑作业书写及与互联网络有关的书写活动三个方面，以活动的频次、时间等作为数字化书写经验的指标，题项类似于：请您估计一下，如果您使用电脑书写作业，平均一个学期（包括假期），您大概总共完成多少份电脑作业或任务？A. 几乎没有；B. 1 ~ 6份；C. 7 ~ 15 份；D. 16 份以上。选项分别赋予 1、2、3、4 分，总分越高，表示被试当前数字化书写活动越多。此问卷作为数字化书写分问卷一，也是后续研究中所需要调查用的主问卷。第二部分是数字化书写活动自评问卷，以被试自我评价各项活动的频繁程度为指标，题项类似于：如果让您评价自己上网进行贴吧、论坛发帖或评论、网页评论等活动的频繁程度，您会认为自己：A. 这些活动很少；B. 偶尔会进行；C. 较为常见；D. 这些活动很频繁。选项分别赋予 1、2、3、4 分，总分越高，也表示被试当前数字化书写活动越多。此问卷作为数字化书写分问卷二，其目的是作为分问卷一的同时性效标，考察问卷一的实证效度。为在后续统计分析中纳入接触手机和电脑年限的影响，问卷还涉及这些方面的项目，即附录 1 第二部分第 1 题。问卷编好后邀请心理学、教育技术学专业博士生进行试读，邀请两个大学生进行试做，以避免题项含义模糊不清或产生歧义，或者选项难以选择。

网络语言经验部分（见附录 1 第三部分）。从网络上（百度文库、网词网、网络流行语网）搜集整理近两年较为流行的网络词汇共 300 个，随机抽选其中 50 个，其中涵盖谐音（如稀饭），数字字母（3Q）以及语义延伸词（小强）等。要求被试对问卷中的每一个词汇进行熟悉度和使用度评价，从低到高分为 6 个水平，分别为：完全没听过、听过但不明白意思、明白意思但没使用过、偶尔使用过、使用程度一般、使用比较频繁。得分越高，意味着网络语言经验越丰富。另外，为在后续分析中控制上网经验的影响，还涉及接触网络时间和上网频率两个项目，这两个项目得分也是网络语言经验问卷的同时性效标。

字词拼写部分（见附录1第四部分）。结合教育部制定的《义务教育语文课程标准（2011年版）》附录中3500个需要掌握的字以及《现代汉语字频统计表》（豆丁网，2013），字频以《字频统计表》为标准，频序在1～1000为高频（常用字，涵盖统计语料的90%，随机抽取30个），1001～2400为中频（次常用字，累计涵盖99%，抽取30个），2401以后为低频（不常用字，5000字可累计涵盖99.99%，抽取20个），总共抽取80个，这些字均被包含在3500字之内，每个字均组成词组并标注拼音，在测试表中被随机打乱，被试需要写出该字。词语部分参照《现代汉语常用词表（草案）》（2008），该词表收录了常用词语56008个，其中双音节词40351个。从中每隔1000个词语左右抽取一个双字词，共40个词语，组成这些词语的汉字都被涵盖在常用3500字之内，且有一半词语属于人教版小学语文课标要求掌握的词。另外从人教课标版小学语文课本（四～六年级）的词语中抽取双音节词20个，组成这些双字词的字至少有一个不属于常用字，对每个词语造句、标注拼音，被试需要写出这些词。双字词总共60个，测验编好后，邀请文学院博士生、中学语文教师试读，排除过难的题，邀请两个初中生试做，避免出现题项理解问题。

二、预测程序和过程

被试：从湖南省抽取中学生及大学生进行预测，样本来自于两所初中（湖南浏阳大围山中学、湖南株洲长鸿实验学校）、两所高中（湖南省资兴市市立中学、湖南张家界天门中学）、两所大学（湖南科技大学、湖南师范大学）。

问卷发放及收集：由班主任老师统一发放，具有心理学专业背景的心理教育教师从旁协助，当场回收，并特别强调本次调查不是考试，希望同学们认真作答，不会做的请空缺，一定不能抄袭。共回收554份有效问卷，其中初中生163人，高中生210人，大学生181人；男生261人，女生290人，性别信息缺失3人；来自城市111人，县镇137人，乡村249人，生源地信息缺失57人。问卷施测时间为2014年6月至9月。

统计处理：利用SPSS19.0与AMOS20进行数据输入与处理。将全部数据利用 SPSS 随机分半，随后对其中一半样本（267 份）的数字化语言经验部分问卷（包括数字化书写与网络语言经验），进行探索性因素分析，另一半进行验证性因素分析（287 份）。字词拼写测验的区分度、难度分析、效度分析采用全部数据。

三、预测结果与分析

（一）数字化书写经验问卷的探索性因素分析

数字化书写经验问卷共有两个分问卷：其一是以被试报告与数字化书写相关的活动次数或频率及时间作为指标的题项，共包括 11 个题项（以下称为分问卷一），是用来调查的主问卷；其二是以被试自我评价与数字化书写相关的活动的频繁程度为指标的题项，共 6 个题项（以下称为分问卷二），用其作为检验分问卷一的同时性效标。分别对两个分问卷进行项目分析和探索性因素分析。

首先进行项目分析，以题总相关法检查各题项的区分度，结果如表4 - 1、表4 - 2：

表4 - 1　数字化书写经验分问卷一的题总相关（r）

	2.1	2.2	3.1	5.1	5.2	5.3	5.4	6.1	6.2	6.3	7.1
总分	0.65**	0.67**	0.49**	0.64**	0.67**	0.68**	0.58**	0.68**	0.66**	0.72**	0.60**

* * $p < 0.001$，双侧检验，下同。

表4 - 2　数字化书写经验分问卷二的题总相关（r）

	2.3	3.2	4	5.5	6.4	7.2
总分	0.77**	0.70**	0.63**	0.75**	0.74**	0.63**

结果显示两个分问卷各个题项与总分的相关均非常显著（$p < 0.01$），满足题总相关法的要求，不需要剔除题项。

其次，对数字化书写经验分问卷一进行探索性因素分析。对问卷是否适合进行因素分析进行检验发现（KMO = 0.797，Bartlett 检验 $p < 0.0001$），问卷适合进行因素分析。采用主成分分析法，根据碎石图发现以抽取 3 个因子为宜，利用最大方差法进行因子旋转。参照以下标准删除问卷中不合适的项目：①共同度小于 0.40；②因素负荷小于 0.40；③多重负荷且负荷值接近。结果删除一个项目第 6.3 题。由于删除了题项，问卷的效度需要重新建构。对剩余的 10 项目重新探索（KMO = 0.756，Bartlett 检验 $p < 0.0001$），最终形成 3 因子的数字化书写问卷，三个因子累积方差贡献率为 65.023%，结

果见表4-3。

表4-3　数字化书写经验分问卷一因子负荷及贡献率

发帖和作业		即时信息		短信和留言	
项目	负荷	项目	负荷	项目	负荷
6.1	0.858	5.1	0.783	2.1	0.831
6.2	0.817	5.2	0.722	2.2	0.824
3.1	0.670	5.4	0.673		
7.1	0.562	5.3	0.624		
特征值	2.471		2.205		1.827
贡献率%	24.706		22.050		18.267

再次，对数字化书写分问卷（二）进行探索性因素分析。检验发现（KMO=0.758，Bartlett检验$p<0.0001$）也适合做因素分析。根据碎石图发现以抽取2个因子为宜，其他过程如同分问卷一。共抽取2个因子，累积贡献率为68.594%，没有题项被删除，结果见表4-4。

表4-4　数字化书写经验分问卷二因子负荷及贡献率

手机书写		电脑书写	
项目	负荷	项目	负荷
5.5	0.871	4	0.908
2.3	0.835	3.2	0.843
6.4	0.764		
7.2	0.487		
特征值	2.353		1.762
贡献率%	39.220		29.373

与分问卷一所不同的是，由于该分问卷题项是由被试自评各种数字化书写活动的频繁程度，因此其因子结构具有不同的特征。

（二）网络语言经验问卷的探索性因素分析

首先，进行题总相关分析，结果见表4-5。

表4-5 网络语言经验问卷的题总相关 (r)

1	2	3	4	5	6	7	8	9	10
0.55**	0.66**	0.60**	0.59**	0.61**	0.68**	0.68**	0.70**	0.58**	0.41**
11	12	13	14	15	16	17	18	19	20
0.75**	0.70**	0.68**	0.77**	0.70**	0.70**	0.75**	0.80**	0.72**	0.74**
21	22	23	24	25	26	27	28	29	30
0.70**	0.73**	0.66**	0.60**	0.62**	0.57**	0.65**	0.70**	0.72**	0.73**
31	32	33	34	35	36	37	38	39	40
0.73**	0.72**	0.65**	0.74**	0.59**	0.79**	0.82**	0.80**	0.70**	0.54**
41	42	43	44	45	46	47	48	49	50
0.74**	0.76**	0.76**	0.80**	0.75**	0.70**	0.68**	0.66**	0.60**	0.69**

** $p < 0.001$

其次，进行探索性因素分析（KMO = 0.959，Bartlett 检验 $p < 0.0001$），采用主成分分析法，固定提取一个因子，由于项目数较多，为减少正式调查中的题量，将前述删除题项的标准中，共同度提高到 0.50。经过多次探索，共删除 27 个项目，对余下 23 个项目进行探索（KMO = 0.961，Bartlett 检验 $p < 0.0001$），固定提取一个因子，共解释总方差的 59.56%。因子载荷见表 4-6。

表4-6 网络语言经验问卷的因子负荷

项目	38	37	31	45	32	44	43	46	30	36	22	28
负荷	0.870	0.849	0.831	0.826	0.810	0.792	0.780	0.777	0.774	0.773	0.772	0.772
项目	47	11	42	50	39	12	48	8	19	23	18	
负荷	0.770	0.757	0.751	0.745	0.741	0.736	0.732	0.719	0.718	0.716	0.715	

经过探索后，形成数字化语言经验问卷的主体内容，主要包括三个部分：数字化书写问卷一（11 个题项，建立在数字化书写活动频数及时间的基础上，包含三个维度：发帖和作业、即时信息、短信和留言，共同反映数字化书写活动情况）；数字化书写问卷二（6 个题项，作为问卷一的效标，建立在自评数字化书写频繁程度基础上，包含两个维度：手机书写和电脑书写，反映被试对自己数字化书写活动的认识）；网络语言经验问卷（23 个题项，单维，测查网络语言熟悉度及使用度）。此外调查中还包括附加的人口

学变量，如性别、生源地、语文成绩水平、手机、电脑接触年限、自评拼音输入熟练度、上网年限及频繁度等（2个题项，同时也作为网络语言经验问卷的同时性效标）。

（三）数字化书写问卷的信度和效度分析

由于题项的编写依据了中国互联网中心（2014）对青少年网络行为的调查结果，以及对青少年学生使用数字化书写的访谈，预测问卷题项形成后也经过教育技术学及心理学专业博士生的审读，因而两个相关的分问卷均具备较高的内容效度。

首先对数字化书写分问卷一进行结构效度的检验，采用验证性因子分析。在经过探索性因素分析删减项目后，对另外一半数据287份利用AMOS进行验证性因素分析。根据理论假设和探索性因子分析结果，虽然该问卷有三个不同的维度，但我们假设其中共同反映了数字化书写活动因素，因而构建一个一阶三因子，二阶一因子的模型进行验证，根据拟合指标修正后结果如下图4-1，验证指标见表4-7。

表4-7　数字化书写经验分问卷一验证性因子分析拟合指标

χ^2	df	χ^2/df	GFI	CFI	NFI	IFI	RMSEA	SRMR
86.907	29	2.997	0.943	0.951	0.929	0.952	0.084	0.056

由图4-1以及模型拟合指标可以看出，虽然部分题项误差项间存在相关，但并没影响其涵盖的因子结构，该分问卷因子结构是比较稳定的，由探索性因子分析得到的因子结构得到进一步的验证，说明该分问卷具有良好的结构效度。

其次对分问卷二进行验证性因素分析。结果见图4-2，拟合指数见表4-8。

表4-8　数字化书写经验分问卷二验证性因子分析拟合指标

χ^2	df	χ^2/df	GFI	CFI	NFI	IFI	RMSEA	SRMR
30.461	8	3.81	0.967	0.959	0.929	0.946	0.099	0.047

由图4-2和表4-8可见，数字化书写经验分问卷二也具有良好的结构效度。将该分问卷作为检验分问卷一的同时性效标，用积差相关法考察分问卷一的效标关联效度，结果$r=0.761$（$p<0.001$）。

最后对问卷进行信度分析。采用分半法和a信度系数法分别对分问卷一和二进行信度分析，结果见表4-9。

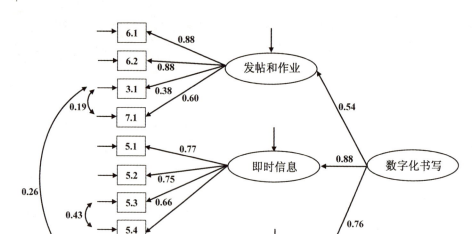

图 4-1 数字化书分问卷一验证性因子分析结果

注：图中负荷路径系数均在0.001水平上显著，误差间相关在0.01水平上显著

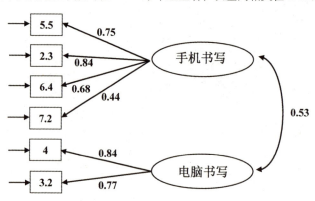

图 4-2 数字化书写经验分问卷二验证性因子分析结果

表 4-9 数字化书写经验问卷的信度

	a 系数	分半信度系数
分问卷一	0.842	0.797
分问卷二	0.789	0.734

从上述问卷的信效度分析结果，可以看出自编的数字化书写经验问卷均具有较高的信效度，符合心理测量学的要求，可以作为测量青少年数字化书写经验的工具。

（四）网络语言经验问卷的信度和效度分析

就内容效度而言，网络语言经验问卷的题项均为近两年网络中较为流行的词汇，被试需要从完全不知道其含义到使用非常频繁的 6 点量表上进行选择，直接测量的是被试对网络语言的熟悉程度和使用程度，且由于其测量的是单一因素，因而其内容效度有保证。

以问卷中的自评上网年限及频繁程度题项得分作为网络语言经验问卷的同时性效标，考察网络语言经验问卷的效标关联效度，用积差相关法求取二者的相关，结果 $r = 0.434$（$p < 0.01$），说明网络语言经验问卷具有一定的实证效度。

对问卷信度的分析同样采取分半信度法和 a 信度系数法，结果见表 4 - 10。

表 4 - 10　网络语言经验问卷的信度

	a 系数	分半信度系数
网络语言经验问卷	0.967	0.953

上述对该问卷信度和效度分析的结果表明，修正后的问卷题项具备较高的信效度，可以作为测量青少年网络语言经验的工具。

（五）字词拼写测验的难度、区分度及效度分析

字词拼写测验类似于学业成就测验，采取全部样本数据进行分析，分为两部分：拼字和拼词测验。拼字测验是一字一分，共计 80 分，拼词测验是一词一分，共计 60 分，均给出所需拼写的字词汉语拼音并标注声调，被试需要写出对应的字或词，以使词义或句义完整。

首先，对拼字部分测验进行总体难度和区分度分析。由于初测试题较长，涉及个别被试在测验过程中可能不认真，因此对拼字部分预先做描述统计，将低于平均分（Mean = 62.32）3 个标准差（SD = 16.62）以下的个案视为异常值（< 10），予以删除，对余下 540 个个案得分进行分析。被试得分情况如下表 4 - 11。

表 4 - 11　拼字测验部分描述统计

N	Min	Max	M	SD	偏度系数	峰度系数
540	11	80	63.16	15.25	- 1.394	1.367

从平均分和偏度系数大致可以看出，该部分测验得分呈负偏态分布，测验题目偏易。进一步计算测验的总体难度系数：$Dc = 1 - M/80 = 1 - 0.7895 =$

0.2105，该数值远小于0.5，也意味着拼字部分测验偏容易，需要修改。拼字测验总体的区分度分析。按被试得分排序，从高到低50%的人数作为高分组，平均分记为 h，余下50%作为低分组，其平均分记为 l。鉴别指数：$L = (h - l) / T = (74.07 - 51.83) / 80 = 0.278$，该数值低于0.4，说明拼字部分的测验区分度不太高，需要修正。

其次，对拼词部分测验进行总体难度和区分度分析。分析过程类似于拼字测验，先对拼词得分进行描述统计，结果见表4-12。

表4-12　拼词测验部分描述统计

N	Min	Max	M	SD	偏度系数	峰度系数
535	1	59	29.46	15.96	-0.122	-1.161

从平均数和标准差可以看出，拼词部分测验得分均分布在正负2个标准差范围内，其偏度系数接近0，类似于正态分布。但从峰度系数看，其为负值，与其标准误（0.211）的比值的绝对值为5.5，远大于2，意味着该分布为均匀分布，观测量较为分散，并非服从正态分布。这种情况多是由于各种难度题项的数目差不多所导致，因此需要减少容易题项及难度大题项的数目。进一步对拼词部分进行难度和区分度分析。难度系数：$Dc = 1 - 29.46 / 60 = 1 - 0.491 = 0.509$，说明该部分整体难度系数适中。鉴别力指数：$Dr = (h - l) / T = (43.22 - 15.62) / 60 = 0.46$，该指数大于0.4，意味着该拼词测验的区分度较好。

最后，对字词拼写测验进行效度分析。将高中以下学生的期末语文成绩作为字词拼写测验的效标，由于大学生不存在统一的期末语文成绩，遂以自评语文能力水平作为同时性效标，检查字词拼写测验的效标关联效度，以积差相关法求取二者的相关系数，见表4-13。

表4-13　不同年级学生字词拼写测验与语文水平的相关 (r, n)

	期末语文成绩				语文能力自评
	七年级	八年级	高一	高二	大学生
拼字 测验	0.602** (67)	0.451** (72)	0.313** (102)	0.246* (77)	0.244** (176)
拼词 测验	0.574** (67)	0.412** (63)	0.368** (102)	0.371** (77)	0.281** (176)

上述对字词拼写测验预测结果的分析，表明拼字部分测验项目偏容易，因此在正式测验中，为增加拼字测验的难度以及减少题量，减少并修改高频汉字的数量至 20 个，保留低频汉字 20 个，共 40 个汉字。另外，分析还表明拼词测验部分不同难度题项的数量较为均匀，题项设计不完全符合正态分布的假设，因此在正式测验中，减少比较容易的题项和难度较大的题项数目，具体而言，即保留高频词 5 个，低频词 5 个，保留中等频率的词汇 20 个，共 30 个词汇。（详见附录 2）

通过预研究中的问卷编制及分析调整，最终形成正式研究中的问卷。正式问卷共包括四个部分：被试基本情况调查（性别、年级、学校层次、语文成绩水平、手机电脑使用年限、输入法使用情况、接触网络年限及上网频繁度等），数字化书写经验调查（短信、即时信息、电脑作业、发帖、留言等各种常见数字化书写活动），网络语言经验调查（23 个网络词汇的熟悉度调查），以及字词拼写测验（包含 40 个字的拼写和 30 个词的拼写）。

第二节 数字化书写经验与字词拼写成绩的关系

本节在已形成的正式问卷调查的基础上，以量化的研究方法探讨数字化书写活动经验与青少年字词拼写表现间的关系，以推测数字化书写是否对字词拼写存在积极或者消极影响。结合前人的研究结论，拼音输入经验可能对汉字加工具有积极作用，由于大多数青少年的数字化书写活动均采用拼音输入法，从拼音输入法的过程看，键入越多，字音越熟悉，字体选择就越多，因而对字形也更熟悉。所以本研究的假设是在控制性别、年级、语文成绩水平等变量后，数字化书写经验与字词拼写成绩间存在显著正向相关关系，数字化书写经验能显著正向预测字词拼写成绩，拼音输入熟练度是二者间的中介因素。

一、调查研究过程和方法

在湖南省范围内抽取初、高中以及大学生样本共计 1200 多名，平衡城市和农村地区。在问卷进行初步筛选，剔除缺失值过多，以及关键信息不全的问卷后，得到有效问卷 1202 份，具体为：初中生 452 人（永州市双牌县理家坪中学 150 人，郴州市第十二中学 140 人，长沙青竹湖湘外国语学校

162 人），高中生 289 人（长沙市实验中学 157 人，娄底市新化县三中 132 人），大学生 461 人（湖南科技大学 171 人，湖南涉外经济学院 143 人，湖南司法警官学院 147 人）。

调查问卷主体部分是预研究中所形成的数字化书写问卷及字词拼写测验。数字化书写问卷包含 10 个项目，分别涉及发帖、作业、短信、留言、即时信息等各项数字化书写活动的平均次数和持续时间的调查。例如：请您估计一下，如果您有使用电脑书写作业，平均一个学期（包括假期），您大概总共完成多少份电脑作业或任务？A. 几乎没有；B. 1~6 份；C. 7~15 份；D. 16 份以上。选项分别赋予 1、2、3、4 分，总分越高，表示被试当前数字化书写活动越多。同时结合被试使用手机、电脑年限调查，分别将手机使用年限、电脑使用年限和数字化书写活动赋予 0.2、0.2、0.6 的权重比例，计算出的总得分作为数字化书写经验的指标。字词拼写测验包含拼字和拼词两个部分。拼字部分共有 40 个双字词，标注汉语拼音，其中一个字空缺，需要被试写出；拼词部分共 30 个短句，所需要拼写的词被嵌入短句，标注拼音，被试需要写出该词，以使句义完整。一个字或一个词分别计 1 分，拼字共 40 分，拼词共 30 分。

此外还包括性别、年级、生源地等人口统计学调查项目，以及可能对字词拼写存在影响的其他因素调查，如语文能力（成绩）、上网年限及程度、常用的输入方法以及拼音输入的熟练程度等（见附录2）。

问卷由研究者统一制作后，随注意事项等一起分发邮寄至各调查学校。初、高中调查主试由该校心理健康教育教师担任，大学调查主试由心理学硕士生担任。在一个月内收集完成后寄回。问卷收集时间为 2014 年 10 月~11月。问卷回收后，采用 SPSS19.0 进行相关分析、回归分析；采用 A-MOS20.0 进行路径分析。

二、调查研究的结果

（一）青少年学生数字化书写经验与字词拼写成绩间的相关

分别对初中生、高中生和大学生群体进行数字化书写与字词拼写成绩间的相关分析。同时考虑到后续分析中需要控制的其他影响变量，如性别、年级、语文成绩水平、上网程度以及中介变量：拼音输入熟练度（调查结果发现，使用手机和电脑的被试采用拼音输入法的比例分别为 87.6% 和 98.1%）等，一并纳入相关分析，结果见表 4-14、4-15、4-16。

表 4 – 14　初中生数字化书写经验与字词拼写成绩间的相关分析（r）

	1	2	3	4	5	6
1 数字化书写	1					
2 拼字成绩	0.094 *	1				
3 拼词成绩	0.154 **	0.840 **	1			
4 语文成绩水平	0.217 **	0.443 **	0.471 **	1		
5 拼音输入熟练度	0.390 **	0.287 **	0.256 **	0.247 **	1	
6 年级	0.102 *	0.210 **	0.213 **	– 0.309 **	0.144 **	1
7 性别	0.140 **	– 0.130 **	– 0.212 **	– 0.113 *	– 0.027	0.070

*$p < 0.05$，**$p < 0.01$，性别为虚拟变量，男 = 1，女 = 0，下同。

表 4 – 15　高中生数字化书写经验与字词拼写成绩间的相关分析（r）

	1	2	3	4	5	6
1 数字化书写	1					
2 拼字成绩	0.082	1				
3 拼词成绩	0.085	0.858 **	1			
4 语文成绩水平	0.020	– 0.041	– 0.109	1		
5 拼音输入熟练度	0.429 **	0.112	0.171 *	0.035	1	
6 年级	0.046	0.306 **	0.391 **	– 0.699 **	0.118	1
7 性别	0.024	– 0.296 **	– 0.301 **	0.078	– 0.018	– 0.198 **

表 4 – 16　大学生数字化书写经验与字词拼写成绩间的相关分析（r）

	1	2	3	4	5	6
1 数字化书写	1					
2 拼字成绩	– 0.047	1				
3 拼词成绩	– 0.016	0.848 **	1			
4 语文成绩水平	0.131 **	0.205 **	0.149 **	1		
5 拼音输入熟练度	0.273 **	0.226 **	0.162 **	0.343 **	1	
6 年级	– 0.010	– 0.006	– 0.091	0.022	0.052	1
7 性别	0.171 **	– 0.392 **	– 0.355 **	– 0.193 **	– 0.112 *	– 0.035

相关分析结果表明，若不考虑其他因素的影响，除初中生的数字化书写与字词拼写成绩存在正相关关系之外，高中生和大学生群体在这两者之间不存在显著相关关系。但相关分析也同时揭示，字词拼写成绩可能也与性别、年级、语文能力、拼音输入熟练度有关，因而进一步采用分层回归分析，控制这些可能存在影响的因素，考察数字化书写经验对字词拼写的预测作用。

（二）青少年学生数字化书写对字词拼写成绩的预测路径及拼音输入的中介作用

采用分层回归分析，控制性别、年级、语文成绩水平等的影响，分别考察初中生、高中生和大学生群体进行数字化书写对字词拼写成绩的预测效应。相关分析虽然表明数字化书写与字词拼写在高中及大学生中不存在直接的关系，但有研究认为其存在负向联系，也有研究认为存在正向联系，说明二者间有可能存在中介因素的遮蔽效应，另外考虑到字词拼写成绩呈一定程度的偏态分布，遂采用偏差矫正的百分位 Bootsrap 方法①检验拼音熟练度在二者之间的中介作用。

表 4-17 字词拼写成绩对初中生数字化书写的回归分析（β）

预测变量	因变量					
	拼字成绩			拼词成绩		
	第一层	第二层	第三层	第一层	第二层	第三层
控制变量						
性别	-0.16**	-0.15**	-0.14**	-0.08	-0.08*	-0.07
年级	0.43**	0.44**	0.41**	0.40**	0.40**	0.39**
语文成绩水平	0.53**	0.55**	0.51**	0.57**	0.58**	0.56**
自变量						
数字化书写		-0.06	-0.10*		-0.03	-0.06
中介变量						
拼音输入熟练度			0.16**			0.09†
F	65.23**	49.35**	43.30**	61.15**	45.92**	37.73**
R^2	0.361	0.364	0.386	0.348	0.349	0.356
Adjusted R^2	0.356	0.357	0.377	0.343	0.342	0.347
ΔR^2		0.003	0.022**		0.001	0.007

†边缘显著，$p=0.06$，性别采用虚拟变量，男 =1，女 =0。

---

① 方杰，张敏强. 参数和非参数 Bootstrap 方法的简单中介效应分析比较 ［J］. 心理科学，2013（3）：722-727.

初中生字词拼写成绩对数字化书写的分层回归结果见表4－17。结合分层回归分析结果，进一步考察初中生数字化书写预测字词拼写成绩的路径（标准化系数），结果如图4－3（实线代表该路径在0.05水平显著，虚线代表在0.05水平不显著，下同）：

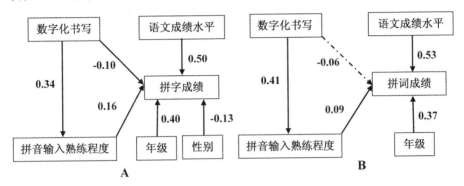

图4－3　（A/B）初中生数字化书写对拼字与拼词成绩的预测路径

由图4－3可见，在控制其他的影响因素，特别是考虑到拼音输入熟练度的影响之后，初中生的数字化书写能负向预测其拼字成绩，但不能预测拼词成绩。采用偏差矫正的百分位Bootstrap方法对拼音输入熟练度的中介效应进行检验，重复抽取1000个样本，其在数字化书写与拼字成绩间的平均间接效应为0.055，BootstrapSE＝0.017，置信区间为［0.026，0.099］，$p=0.001$，中介效应显著；在数字化书写与拼词间的平均间接效应为0.029，BootstrapSE＝0.017，置信区间为［－0.002，0.065］，$p=0.066$，中介效应不显著。

以同样方法对高中生群体进行分层回归分析，结果见表4－18。

表4－18　字词拼写成绩对高中生数字化书写经验的回归分析（β）

预测变量	因变量					
	拼字成绩			拼词成绩		
	第一层	第二层	第三层	第一层	第二层	第三层
控制变量						
性别	-0.21^{**}	-0.21^{**}	-0.21^{**}	-0.20^{**}	-0.20^{**}	-0.20^{**}
年级	0.43^{**}	0.43^{**}	0.42^{**}	0.52^{**}	0.51^{**}	0.49^{**}
语文成绩水平	0.30^{**}	0.30^{**}	0.29^{**}	0.29^{**}	0.28^{**}	0.26^{**}
自变量						
数字化书写		0.07	0.05		0.08	0.04

（续表）

预测变量	因变量					
	拼字成绩			拼词成绩		
	第一层	第二层	第三层	第一层	第二层	第三层
中介变量						
拼音输入熟练度			0.04			0.11
F	16.31 **	12.62 **	10.15 **	22.15 **	17.21 **	14.50 **
R^2	0.166	0.171	0.172	0.213	0.220	0.230
Adjusted R^2	0.156	0.157	0.155	0.204	0.207	0.214
ΔR^2		0.005	0.001		0.007	0.010

由表 4 - 18 可见，在控制其他影响因素后，高中生的数字化书写及拼音熟练度既不能预测其拼字也不能预测其拼词成绩。

继续进行大学生群体字词拼写成绩对数字化书写的分层回归及 AMOS 路径分析，结果见表 4 - 19，图 4 - 4。

表 4 - 19　字词拼写成绩对大学生数字化书写经验的回归分析（β）

预测变量	因变量					
	拼字成绩			拼词成绩		
	第一层	第二层	第三层	第一层	第二层	第三层
控制变量						
性别	-0.37 **	-0.37 **	-0.35 **	-0.34 **	-0.36 **	-0.33 **
年级	-0.02	-0.02	-0.02	-0.11 *	-0.11 *	-0.11 **
语文成绩水平	0.13 **	0.14 **	0.09	0.08	0.08	0.05
自变量						
数字化书写		-0.009	-0.053		0.027	-0.003
中介变量						
拼音输入熟练度			0.174 **			0.119 *
F	30.89 **	23.13 **	21.72 **	23.67 **	17.81 **	15.58 **
R^2	0.175	0.175	0.199	0.141	0.142	0.154
Adjusted R^2	0.169	0.167	0.190	0.135	0.134	0.144
ΔR^2		0.000	0.025 **		0.001	0.012 *

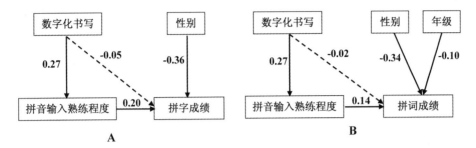

图 4 - 4（A/B）　大学生数字化书写对拼字与拼词成绩的预测路径

同样采用偏差矫正的百分位 Bootstrap 方法对拼音输入熟练度的中介效应进行检验，其在大学生数字化书写与拼字成绩间的平均间接效应为 0.052，Bootstrap SE = 0.019，95% 置信区间为 [0.020，0.097]，$p = 0.002$，中介效应显著；在大学生数字化书写与拼词间的平均间接效应为 0.037，BootstrapSE = 0.017，置信区间为 [0.009，0.078]，$p = 0.009$，中介效应显著。

三、分析和讨论

（一）青少年数字化书写与字词拼写的关系

研究结果显示：不同年龄段青少年学生其数字化书写经验与字词拼写成绩间关系存在不同的特点。在控制性别、年级、语文成绩水平等因素的影响后，数字化书写经验对字词拼写成绩的预测效应在不同学龄阶段存在不同。在初中阶段，数字化书写经验能显著直接负向预测拼字成绩（$\Delta\beta = -0.10$，$t = -2.06$，$p = 0.04$），且通过拼音输入熟练度正向预测拼字成绩，但不能预测拼词成绩；在高中阶段，数字化书写经验与字词拼写无显著关联；进入大学阶段，数字化书写经验既不能直接预测拼字也不能直接预测拼词成绩，而是通过拼音输入熟练度间接正向预测拼字与拼词成绩。

首先，对初中生而言，数字化书写显著负向预测拼字成绩，不能预测拼词成绩。根据《义务教育语文课程标准（2011 版）》，初中生 7 ~ 9 年级处于义务教育第四学段，虽然对汉语字词的运用有了一定基础，但仍然处在语言文字运用的巩固和发展时期。其字词拼写成绩除受其已有的语文能力基础制约外，很可能受制于平时使用字词的方式和使用程度。有研究考察了 8 ~ 12 岁儿童互联网利用和读写能力的关系，发现即时信息和基于社交的互联网利用与读写能力有负向关系①。有人曾研究了在中学生日语学习中利用

———————————

① Johnson，G. M. Traditional Literacy Skills and Internet Use Among 8-to 12-Year-Old Children [J]. Reading Psychology，2013（5）：486 - 506.

ICT 的效果①，结果发现其虽然有利于提高学习动机，帮助基础较弱的学生改进正确率和速度，但过度使用则对其拼写产生了负面影响，仅仅使用计算机的学习组在一年后的手写字词测验时产生了更多的错误。日语和汉语同属于汉藏语系，其平假名和片假名多是从汉语演化而来，该研究结果与本研究结果具有某种程度的一致性，都表明在字词学习和运用的早中期，过度使用数字化书写可能给字词掌握带来负面的效果。本研究同时发现初中生数字化书写经验虽能负向预测拼字成绩，但似乎并不能预测拼词成绩，这可能一方面是由于初中生的数字化书写活动多以即时信息聊天为主，多是涉及日常词汇，因而对拼词成绩无显著作用，另一方面是由于基于拼音输入的数字化书写包含两个过程：先是正确拼音，其次选择汉字。然而汉语中存在大量的同音异形字，因此拼字相对于拼词而言更容易受到固定音形联结的干扰。

其次，对高中生而言，数字化书写不能预测其拼字与拼词成绩。高中的语文课程标准不再有对字词拼写的要求，而是更进一层提出阅读和鉴赏，以及表达和交流的要求。因此进入高中阶段，必然需要进行大量的阅读和写作训练。在日常语文学习中，随着阅读量和作文练习的增加，学生已经掌握的字词不断得到巩固，同时也在不断提升新的词汇量，由数字化书写活动带来的效应逐步在减弱。虽然有研究者对香港中学生学习英语进行一年的追踪，发现利用计算机学习写作的学生，除了内容和结构，其在词汇、语用和细节方面表现比仅仅使用纸笔的学生表现得更好②。但本研究结果也说明了，在语文能力水平达到一定的阶段，数字化书写对语文学习并无明显效应，进一步的研究应该结合不同的数字化书写活动，探讨其对字词学习的影响。结合初中和高中生的研究结果，间接证实了有研究者认为的语言文字学习，ICT技术只能作为辅助工具的观点。

最后，对大学生而言，数字化书写活动并不能直接预测其拼字与拼词成绩，而是通过拼音输入熟练度间接正向预测其拼字拼词成绩。大学生的语言文字运用能力和水平已基本上稳固，当然专门从事中文专业领域的学生除外。大学生的数字化书写活动也多种多样，除利用即时信息、博客、空间日志等进行日常交流外，其他多数与数字化书写有关的活动基本上都涉及专业知识的学习，专门的语言文字学习很少。因而其数字化书写活动并不能直接

---

① Kandori S. The Influence of Information and Communication Technology (ICT) on Secondary School Students' Development in Japanese Handwriting Skills [J]. Japanese Language & Literature, 2008 (279): 1241 – 1249.

② Lam, F. S., Pennington, M. C. The computer vs. the pen: A comparative study of word processing in a Hong Kong secondary classroom [J]. Computer Assisted Language Learning, 1995 (1): 75 – 92.

与字词拼写产生关联。至于其通过拼音输入熟练度间接预测字词拼写成绩的可能原因，以下会进行详细讨论。

（二）拼音输入熟练度与数字化书写、字词拼写的关系

研究结果表明：无论在青少年学生哪个群体，数字化书写对拼音输入熟练度都存在非常显著的正向预测作用。这和当前青少年学生群体在数字化书写活动中所使用的中文输入法有关。有调查表明：我国普通电脑用户输入信息最常用的输入法是拼音输入法，其比例达到97%①，这一点在本研究中也得到了支持，本研究中使用手机拼音输入法和电脑拼音输入法的分别占全体被试的87.6%、98.1%。由于青少年学生群体在数字化书写活动中普遍使用拼音输入法，因此其数字化书写活动越频繁，年限越长，其拼音输入熟练度自然也就越高。

研究结果还表明：在初中年龄段和大学年龄段，拼音输入熟练度能直接正向预测字词拼写成绩，高中年龄段则不存在此效应。有一项针对我国儿童拼音输入经验和字词阅读成绩间关系的研究则得到似乎相反的结论，认为儿童拼音输入经验越多，字词阅读成绩越差，该研究并没有控制儿童网络接触程度、各种网络活动时间以及原有语文能力水平的影响，所得结论值得推敲②。曾有以英文为对象的研究比较了阅读障碍儿童、同年龄组儿童（9岁组）和同等拼音能力儿童（6岁组）的书写产生差异，结果表明，拼音能力和词内书写中断可共同解释书写产生的76%的变异，因而证明了书写产生依赖于拼音水平的高低③。中文书写产生研究中也有同样的观点，认为语音的激活能促进正字法的激活④，语音编码会促进或约束正字法编码，同样意味着拼音越熟练，越倾向于书写正确的字形，本研究结果一定程度上与上述结论一致。至于高中生群体，本研究则未能发现其拼音输入熟练度与字词拼写间存在显著正向关系，有可能是高中生进行了大量的阅读和写作训练，心理词典中从义到形的联结通路更强，而导致拼音水平对字词拼写的影响减弱

---

① 许寿椿. 说一说"97%的人使用拼音输入法"——电脑时代重新审视汉语拼音之十一 [J]. 汉字文化，2013（2）：48－53.

② Tan, L. H., Xu, M., Chang, C. Q., et al. China's language input system in the digital age affects children's reading development [J]. Proceedings of the National Academy of Sciences, 2013（3）：1119－1123.

③ Sumner, E., Connelly, V., Barnett, A. L. The Influence of Spelling Ability on Handwriting Production: Children With and Without Dyslexia [J]. Journal of Experimental Psychology: Learning, Memory, and Cognition, 2014（5）：1441－1447.

④ Qu, Q., Damian, M. F., Zhang, Q., et al. Phonology Contributes to Writing Evidence from Written Word Production in a Nonalphabetic Script [J]. Psychological science, 2011（9）：1107－1112.

所致。相对而言，初中生还处于掌握字词的上升时期，大学生则已经弱化了语文训练。

综合不同年龄段学生数字化书写、拼音输入熟练度和字词拼写成绩的关系，我们发现在初中生阶段，虽然数字化书写与拼词成绩呈弱的正相关关系，但加入拼音输入熟练度的中介以后，其直接路径变为显著负向预测，说明拼音输入熟练度是数字化书写与字词拼写间负向关系的缓冲，也"掩盖"了二者间的真实关系。一方面初中生的数字化书写可能对字词拼写造成负面影响，这和人们的担忧是相符的；另一方面，数字化书写活动中的拼音输入则丰富了个体的字形选择，同时也加强了汉字的音形联结。

该结果提示我们，初中生的数字化书写活动是一把双刃剑，其活动过多可能会对字词掌握造成负面影响，但同时其数字化书写也能促进拼音熟练度，进而促进字词的学习，因此可能有必要区分不同的数字化书写活动，以对初中生进行引导。我们在日常教学中，需要有目的地引导学生进行网络上的数字化书写活动。对中学生而言，需要鼓励学生进行多样化的数字化书写活动，如写空间日志、电脑书写作业、发邮件等，但要注意对类似于即时信息聊天这种活动进行限制，一方面是因为其多涉及日常口语交流的字词，对字词学习与掌握用处不大，另一方面是该类型活动过度会给学校中的字词学习带来消极影响。另外，大学生数字化书写虽然与字词拼写不直接相关，但通过拼音输入熟练度正向预测其拼字与拼词成绩，其是字词拼写成绩的远端变量，如前所述，大学生数字化书写活动应该是其字词水平保持的有益补充。

总而言之，本研究得到以下结论：（1）初中阶段，数字化书写经验直接负向预测拼字成绩，且通过拼音输入熟练度间接正向预测拼字成绩，但不能预测拼词成绩。总体来说，数字化书写与字词拼写无显著关系。（2）高中阶段，数字化书写经验与拼字与拼词成绩无显著关系。（3）大学阶段，数字化书写经验通过拼音输入熟练度间接预测拼字与拼词成绩。（4）不同学龄段，数字化书写经验都正向预测拼音输入熟练度。（5）初中、大学阶段，拼音输入熟练度正向预测字词拼写成绩，高中阶段二者无明显关系。

第三节　网络语言经验与字词拼写成绩的关系

本节探讨网络语言经验与字词拼写成绩间的关系。国外的研究已表明，儿童使用网络语言越熟练，对英语标准词汇阅读、拼写水平越高，原因在于英文网络语言多是标准词汇的缩略形式，网络语言的使用建立在对标准语言的掌握基础上。而中文网络语言存在多种形式，几乎不存在与标准语言的缩略对应关系，很可能网络语言的使用跟标准中文词汇的拼写间不存在影响关系。因此本研究的假设是，在控制语文成绩、上网时间等变量后，网络语言经验与字词拼写成绩间不存在显著的相关关系。

一、调查研究程序和方法

本研究的对象同上一研究。研究工具中，问卷主体部分是预研究中所形成的网络语言经验问卷及字词拼写测验。其中网络语言经验问卷部分包含23 个项目，每个项目是一个中文词汇，这些词汇在网络上都有其比较明确的意思，且和其在传统中文语言中的意思存在一定的差别。被试需要对每一个词汇进行熟悉度和使用度评价，从低到高分为 6 个水平，分别为：完全没听过、听过但不明白意思、明白意思但没使用过、偶尔使用过、使用程度一般、使用比较频繁。分别记为 1～6 分，分数越高，意味着网络语言经验越丰富。字词拼写测验部分及其他调查项目，如语文能力水平、上网年限及频繁度等同上一研究。施测与上一研究中的数字化书写活动调查同时进行。调查结果采用 SPSS19.0 进行相关分析，以及分层控制回归分析。

二、调查研究的结果

（一）青少年学生网络语言经验与字词拼写成绩的相关

分别对初中生、高中生和大学生群体进行网络语言经验与字词拼写成绩间的相关分析。同时考虑到后续分析中需要控制的其他影响变量，一并纳入相关分析。结果分别见表 4－20、4－21、4－22。

表 4－20　初中生网络语言经验与字词拼写成绩间的相关分析（r）

	1	2	3	4	5	6	7
1 网络语言经验	1						
2 拼字成绩	0.228**	1					
3 拼词成绩	0.257**	0.840**	1				
4 语文成绩水平	0.314**	0.443**	0.471**	1			
5 接触网络年限	0.467**	0.135**	0.212**	0.220**	1		
6 上网频繁度	0.252**	0.017	0.119*	0.046	0.319**	1	
7 年级	0.127**	0.210**	0.213**	-0.309**	0.117*	0.123**	1
8 性别	0.065	-0.212**	-0.130**	-0.113*	0.226**	0.150**	0.070

*$p<0.05$，**$p<0.01$，性别为虚拟变量，男 =1，女 =0，下同。

表 4 - 21　高中生网络语言经验与字词拼写成绩间的相关分析（r）

	1	2	3	4	5	6	7
1 网络语言经验	1						
2 拼字成绩	0.125*	1					
3 拼词成绩	0.117*	0.858**	1				
4 语文成绩水平	0.033	-0.041	-0.109	1			
5 接触网络年限	0.300**	-0.025	0.062	-0.013	1		
6 上网频繁度	0.329**	-0.069	-0.018	-0.041	0.410**	1	
7 年级	0.084	0.306**	0.391**	-0.699**	0.139*	0.029	1
8 性别	-0.021	-0.296**	-0.301**	0.078	0.085	0.083	-0.198**

表 4 - 22　大学生网络语言经验与字词拼写成绩间的相关分析（r）

	1	2	3	4	5	6	7
1 网络语言经验	1						
2 拼字成绩	0.067	1					
3 拼词成绩	0.081	0.848**	1				
4 语文成绩水平	0.101*	0.205**	0.149**	1			
5 接触网络年限	0.121**	-0.082	-0.080	0.016	1		
6 上网频繁度	0.203**	0.045	0.036	-0.005	0.769**	1	
7 年级	0.064	0.205**	-0.091	0.022	-0.046	-0.033	1
8 性别	-0.071	-0.392**	-0.355**	-0.193**	0.028	0.068	-0.035

从相关分析结果可以看出，初中生和高中生的网络语言经验与字词拼写成绩间存在相关关系，但同样与一些控制变量存在相关，因此采用分层回归进一步探讨二者间关系。

（二）青少年学生网络语言经验对字词拼写成绩的预测

结合上述相关分析结果，控制对字词拼写成绩可能有影响的其他变量，采用分层控制回归方法进一步分别考察不同年龄段青少年学生网络语言经验对字词拼写成绩的预测。结果分别见表 4 - 23、4 - 24、4 - 25。

表 4 - 23　字词拼写成绩对初中生网络语言经验的回归分析（β）

预测变量	因变量			
	拼字成绩		拼词成绩	
	第一层	第二层	第一层	第二层
控制变量				
性别	- 0.17**	- 0.17**	- 0.11*	- 0.11*
年级	0.37**	0.37**	0.32**	0.32**
语文成绩水平	0.53**	0.53**	0.54**	0.54**
接触网络年限	0.02	0.02	0.05	0.05
上网频繁程度	- 0.01	- 0.01	0.06	0.07
自变量				
网络语言经验		0.01		- 0.01
F	39.01**	32.43**	35.90**	29.84**
R^2	0.343	0.343	0.326	0.326
Adjusted R^2	0.335	0.333	0.317	0.315
ΔR^2		0.000		0.000

表 4 - 24　字词拼写成绩对高中生网络语言经验的回归分析（β）

预测变量	因变量			
	拼字成绩		拼词成绩	
	第一层	第二层	第一层	第二层
控制变量				
性别	- 0.23**	- 0.22**	- 0.23*	- 0.22*
年级	0.48**	0.46**	0.52**	0.51**
语文成绩水平	0.32**	0.30**	0.27**	0.26**
接触网络年限	- 0.05	- 0.07	0.04	0.02
上网频繁程度	- 0.03	- 0.06	- 0.02	- 0.04
自变量				
网络语言经验		0.096		0.065
F	12.71**	11.05**	15.69**	13.28**
R^2	0.198	0.205	0.234	0.237
Adjusted R^2	0.182	0.186	0.219	0.219
ΔR^2		0.007		0.003

表 4 – 25　字词拼写成绩对大学生网络语言经验的回归分析（β）

预测变量	因变量			
	拼字成绩		拼词成绩	
	第一层	第二层	第一层	第二层
控制变量				
性别	– 0.38 **	– 0.38 **	– 0.35 **	– 0.35 **
年级	– 0.02	– 0.02	– 0.11 *	– 0.11 *
语文成绩水平	0.14 **	0.14 **	0.09 *	0.09 *
接触网络年限	– 0.11 *	– 0.11 *	– 0.10 *	– 0.11 *
上网频繁程度	0.15 **	0.15 **	0.13 **	0.12 *
自变量				
网络语言经验		– 0.004		0.036
F	21.38 **	17.78 **	16.91 **	14.18 **
R^2	0.197	0.197	0.164	0.165
Adjusted R^2	0.187	0.185	0.155	0.154
ΔR^2		0.000		0.001

　　从上述分层回归分析结果可以看出，不论是在初、高中还是大学生群体，在控制其他相关变量后，网络语言经验均不能显著预测字词拼写成绩。

三、分析和讨论

　　调查研究的结果表明，控制上网时间、频繁度、年级以及语文成绩水平等变量后，青少年网络语言经验并不能预测其字词拼写成绩。该结果与国外部分相关研究结果并不一致。

　　国外以英语为代表的拼音文字，承载网络语言（net-speak）的典型文本形式是简讯（text-message，text-speak），青少年在网络交互中通过社交站点、即时通信和手机短信等方式发送简讯。这些简讯中最常见的语言形式称为简讯语言（text message language），其通常是标准英语的缩写形式（text message abbreviations），被简称为简讯文体或短讯文体（textism，textese），也就是英语网络交互的新兴语言。其缩写形式多样，主要包括①：数字/字母谐音（letter/number homophones，如 CUL8R 即 see you later）、音韵式缩略（phonological reductions，如 nite 即 night）、符号代表（symbols，如 &）、首

---

　　① Lyddy, F., Farina, F., Hanney, J., et al. An Analysis of Language in University Students' Text Messages [J]. Journal of Computer-Mediated Communication, 2014（3）: 546 – 561.

字母缩略词（acronyms，如 WUU2 即 what you up to）、口音模仿（accent stylisation，如 wanna 即 want to），字母省略（contraction，如 txt 即 text），后位缺省（shortenings，如 prob 即 probably）等形式。

有相当多的研究探讨了这种短讯文体使用与青少年学生读写能力之间的关系。Plester，Wood 和 Joshi（2009）考察了 9～12 岁英国儿童短信缩略语使用与学校读写成绩间的关系，结果发现，缩略语使用率和单词阅读、词汇及语音意识测量分数正向相关①。其另一项以 10～11 岁儿童为被试的研究也发现，简讯文体使用比率与拼写成绩呈显著正相关，且使用音韵式缩略更多的被试其拼写分数更高。该研究团队最后指出，一系列研究表明简讯文体使用有利于儿童读写技能的发展。也有对澳大利亚儿童（10～12 岁）的研究表明，缩略语使用率与日常拼写能力呈正相关②。然而对几乎同样年龄段（9～12 岁）的芬兰被试的研究却表明，简讯文体使用与读写技能并不存在明显的关联，仅仅对复合式拼写有边缘显著的预测作用（p = 0.097），作者认为是由于芬兰语的音素 – 词素系统透明度更高，导致其缩略语使用对读写能力的重要性不及英语所造成的差异③。另外，对高中及大学生被试所进行的研究也产生了不一样的结果。有研究者探讨了澳大利亚高中生及大学生短信缩略语使用与读写间的关系，结果发现缩略语使用与阅读、拼写和语素意识呈负相关④，且有部分相关可以由短信使用频率来解释。Drouin 和 Davis（2009）比较了两组大学生被试（使用缩略语组和非使用组）在读写水平上的差异，结果发现，两组在标准化读写分数和拼写错误上不存在显著差异，并不支持简讯体的使用与读写能力存在关联⑤。有研究者对大学生手机短信文体进行考察后，总结认为大学生的不同读写和语言任务分数与缩略语使用

———————————

① Plester，B.，Wood，C. Exploring relationships between traditional and new media literacies：British preteen texters at school［J］. Journal of Computer-Mediated Communication，2009（4）：1108 – 1129.

② Plester，B.，Wood，C.，Bell，V. Txt msg n school literacy：does texting and knowledge of text abbreviations adversely affect children's literacy attainment?［J］. Literacy，2008（3）：137 – 144.

③ Plester，B.，Lerkkanen，M. K.，Linjama，L. J.，et al. Finnish and UK English pre-teen children's text message language and its relationship with their literacy skills［J］. Journal of Computer Assisted Learning，2011（1）：37 – 48.

④ De Jonge S，Kemp N. Text-message abbreviations and language skills in high school and university students［J］. Journal of Research in Reading，2012（1）：49 – 68.

⑤ Drouin M，Davis C. R u txting? Is the Use of Text Speak Hurting Your Literacy?［J］. Journal of Literacy Research，2009（1）：46 – 67.

有非常少的负相关，而且这些相关可能受态度与早期读写经验的影响①。

由上可见，在英语语言的研究中，国外研究者对青春前期儿童（小学生和初中生）的研究基本发现一致的结果，即简讯文体的使用率与读写能力存在正相关关系，其中也包括拼写能力。但这种结论并不适用于青春后期的学生群体，如高中生或大学生，在这些群体中，二者的关系并不明朗，研究结果有不存在关联的，也有负向关联的。另外，对英语国家儿童的一致研究结论也不适用于其他语种，如芬兰语。英语的简讯语言绝大部分是跟单词音韵有关，能熟练使用简讯语言，前提是必须掌握标准英语的发音，而英语发音与字形有对应转换关系，因此在学习英语的初期阶段（比如儿童期），这种简讯语言的使用很可能是促进英语学习的一种有效补充。至于后期（如高中以上阶段），学生对日常英语的标准拼写已经有了过度学习，即使使用简讯语言，也不会为英语学习带来明显增益或者损害。

汉语网络语言相对而言更为复杂，其形式多样，包含谐音、语义延伸、英文发音直译、新造词语等。除谐音、语义延伸词外，如青蛙（网络意义指丑男），其他形式的网络语言几乎不存在竞争、替代或强化标准汉语词汇表达的可能，因而网络语言的掌握更像是在原有标准化汉语基础上的扩展，两者之间类似为补充的关系。传统的字词拼写测验测查的是在有意识情况下使用传统字词，与网络表达无关，因而汉语网络语言经验与传统字词拼写并不存在关联。进一步的研究可将对象扩展至小学阶段，考察字词学习的基础时期，网络语言经验是否存在影响。

本研究得到的结论是，青少年学生中文网络语言经验与字词拼写成绩间不存在显著的相关关系。

本章小结

本章采用问卷调查方法考察了青少年学生数字化书写经验、拼音输入经验以及网络语言经验与其传统字词拼写成绩间的关系。在预研究阶段，研究者在广泛收集资料及访谈的基础上编制了预测问卷，并以 554 名初中以上年级学生为对象，对问卷进行了信效度检验，且还对字词拼写部分进行了难度

---

① Grace, A. A. Mobile phone text messaging language: How and why undergraduates use textisms [D]. Doctoral dissertation, University of Tasmania, 2013.

和区分度等考察。在正式研究阶段，研究者采用预研究编制的问卷，对 1202 名青少年学生被试进行了问卷调查，并对调查数据利用 SPSS 进行了相关分析、分层回归分析，利用 AMOS 进行了路径分析。结果发现：

第一，数字化书写经验与字词拼写成绩的关系，在不同年龄段的青少年学生群体中呈现不同的特点。初中阶段，学生的数字化书写经验负向预测其拼字成绩，但不能预测其拼词成绩；拼音输入经验对拼字成绩的负向预测起到缓冲作用，且能正向预测拼词成绩。高中阶段，学生的数字化书写经验、拼音输入经验则不能预测字词拼写成绩。大学阶段，数字化书写经验通过拼音输入熟练度间接预测字词拼写成绩。研究者分析认为造成这些区别的可能原因主要有两点：一是不同学龄段学生数字化书写活动的内容有所侧重，如初中生主要以即时信息即网络聊天为主，对传统字词学习与掌握益处不大，反而耽搁学习时间；二是不同学龄段学生，其字词掌握水平已具有较大的不同，如高中生平时语文学习中已进行大量的阅读与写作训练。

第二，数字化书写经验与拼音输入经验的关系，在当前的青少年学生群体中是稳固的。二者呈显著正相关关系，数字化书写活动越多，拼音输入经验越多，这和当前青少年学生群体在数字化书写活动中广泛采用拼音输入法有关。数字化书写活动主要包含两个过程：一是拼，即在键盘上或屏幕上键入拼音字母；二是再认，即在数字设备屏幕上呈现的备选字词中进行选择。因此，拼音输入经验在某些年龄段，如初中和大学，有利于字词学习和掌握。高中阶段这种影响不明显，研究者认为可能的原因同样在于其大量的阅读和写作训练，使高中阶段学生字词形义间的联结更强，音的促进或约束作用减弱。因此，研究者在接下来的研究中先以小学六年级学生为对象，探讨拼音输入是否有助于字词拼写，接着又以高一年级学生为对象，探讨了拼音输入经验对义–形、义–音一致性判断的影响。

第三，网络语言经验与字词拼写，在青少年学生群体中显示出并无明显的相关关系。研究者讨论认为，与英语网络语言相比，汉语网络语言与传统中文的关系基本上类似于前者是在后者基础上的扩充。但由于研究者所采用的传统字词拼写测验材料与网络语言的词汇没有重叠或交叉的部分，故网络语言掌握程度与传统字词掌握程度之间并无必然联系。因此，研究者接下来的研究中，选取既具网络语义又具传统语义的词汇，探讨了网络语言经验对这些词汇语义判断的影响。

第五章
拼音输入法使用与汉语字词认知

上一章已发现在青少年学生群体的数字化书写活动中，98%以上使用拼音输入法，且总体上拼音输入熟练度正向预测字词拼写成绩，因此在本章中采用实验法考察拼音输入经验对字词产生的影响。三个研究内容分别探讨拼音输入经验对字词产生过程中的字形提取、义－形－音一致性判断和义－音韵一致性判断的影响，希望利用三个实验研究揭示拼音输入法经验影响字词产生的认知机制。第一个实验采用自然实验法，比较计算机键盘输入学习字词与传统手写学习字词的效果，着重探讨拼音输入对字形再认和回忆书写的影响。第二个实验采用语义启动范式，比较不同拼音输入经验者的义－形和义－音一致性判断，着重探讨拼音输入经验对义－形和义－音联结造成的可能影响。基于中文拼音输入法还存在智能的形式，如双拼，第三个实验同样采用语义启动范式，进一步比较不同拼音输入经验者的音韵（声母和韵母）判断，着重探讨拼音输入经验对字义与字音的成分之间的联系所造成的影响。

第一节　计算机键盘拼音输入对汉字再认及回忆的影响[①]

本节目的是比较键盘拼音输入与手写学习汉字的效果差异。主要包括两个方面的比较：其一是经由两种不同的方式学习，汉字掌握程度的增加是否有显著差异；其二是两种方式学习后，对后续的汉字字形选择和回忆书写的影响是否有显著差异。基于前人及上一章的研究结果，本研究认为拼音输入

---

① 陈京军，许磊，程晓荣，刘华山. 儿童汉字练习：纸笔手写与键盘拼音输入的效果比较[J]. 心理学报，2016（10）：1258－1269.

学习或复习汉字，同样对汉字的掌握具有积极效果，但积极的效果可能没有手写练习的效果大。这是因为固然拼音输入可以激活字音和字形间的联系，但手写还存在运动轨迹的反馈，因而相比输入，手写更可能加强从正字法到书写动作程序的转换，表现在练习后的回忆书写上，手写练习的效果会更好。因此，本研究假设以计算机键盘拼音输入字词的练习方式相比传统手写字词的练习方式，回忆书写效果更差，但再认方面不存在显著差异。

一、研究过程和方法

（一）研究方法

研究对象为湖南省郴州市苏仙区柿竹园学校 6 年级两个班共 75 名小学生。其中 123 班 37 人（男生 17 人，女生 20 人），年龄分布在 10 岁 10 个月至 13 岁 3 个月之间，平均约为 11 岁 8 个月；124 班 38 人（男生 21 人，女生 17 人），年龄分布在 10 岁 10 个月至 12 岁 9 个月之间，平均约为 11 岁 8 个月。两班上期末语文考试平均成绩在全区排序分别为第 5 和第 6 名，语文成绩（有 1 人成绩缺失）的差异性检验表明不存在显著差异，t（72）= 0.80，$p = 0.427$。之所以选择该学校 6 年级的儿童，一方面是因为小学生对文字的掌握还未达到较高水平，有利于汉字学习材料的选取；另一方面是因为该校从 4 年级开始开设信息技术课教学生学习拼音输入法，被试均有近两年的拼音键入学习经验，已能较为熟练地使用拼音输入法，不会因为对拼音输入不熟练而对学习产生限制。

实验材料从《汉字信息字典》（1988）中选取的 30 个低频字，如"夯"。这 30 个字除"刭"、"遄"、"宥"在现代汉语语料库（见教育部语言文字应用研究所，语料库在线网站）的字频统计中没有收录外（该库只收录在语料中出现 5 次以上的字，字频截止到 5709，因而这三个字的字频排序均在 5709 以后），其他 27 个字的字频排序范围在 2933 至 5655 之间，平均为 4322.89 ± 714.42。其笔画数范围为 3 至 12，平均为 8.33 ± 2.20。涵盖上下结构 12 个、左右结构 13 个、独立结构 4 个、半包围结构 1 个。实验材料详见附录 3。

先考察采用拼音输入和手写方式练习前后，学过但未达标组儿童的学习进步效果以及学过且已达标组儿童的学习巩固效果，检验学习的有效性，即是否存在有效的学习和巩固。三因素混合设计，自变量为掌握程度（被试间：达标，未达标）、练习方式（被试间：键盘拼音输入，传统手写）、时间（被试内：练习前，练习后），因变量为书写测验得分。

再考察经两种方式练习后，未达标组儿童和已达标组儿童在后续的再认选择（选择题测验）和回忆书写（填空题测验）上的表现，分别探讨练习方式对学习和复习后再认及书写的影响，检验练习方式在学习和复习过程中对再认及书写的不同作用。三因素混合设计，自变量为掌握程度（被试间：达标组，未达标组）、练习方式（被试间：键盘拼音输入，传统手写）、测验题型（被试内：选择题，填空题），因变量为测验得分。

最后分别探讨两种情况下的学习保持或遗忘情况，以进一步检验"提笔忘字"现象与练习方式有关还是与时间有关。一是考察已达标组儿童通过两种方式复习后，在间隔一段时间不练习的情况下的再认及书写表现，探讨练习方式对复习后的记忆保持的影响。三因素混合设计，自变量为练习方式（被试间：键盘拼音输入，传统手写）、测验题型（被试内：选择题，填空题）、时间（被试内：练习后，间隔 3 个月后），因变量为测验得分；二是考察未达标组儿童通过两种方式练习至达标，同样间隔一段时间不练习情况下的再认和书写表现，探讨练习方式对学习后的记忆保持的影响。自变量及因变量与前一探讨相同。

（二）实验程序

第一阶段，筛选学习材料阶段。选取字频约在 3000 以后的 70 个汉字，这 70 个汉字均不在小学语文课本中，经认读测试，从中筛选出所有被试都不认识的 30 个汉字。

第二阶段，传统学习阶段。由同一名语文教师对所有被试实施汉字教学，明确告诉学生两周后进行听写测试。第一次测试后发现学生未有一半达到掌握程度，遂以奖品鼓励其继续学习，两周后进行第二次测试。以第二次听写测试成绩作为被试前测成绩得分，按听写正确率达到 80% 以上的标准，将学生分为达标组（听写正确 25 个及以上）和未达标组（听写正确 25 个以下）。其中 123 班达标 20 人（$M \pm SD = 27.95 \pm 2.19$），未达标 17 人（$M \pm SD = 15.24 \pm 7.44$），达标和未达标组间的听写成绩存在非常显著的差异，$t(18.36) = 6.80$，$p < 0.001$。124 班达标 17 人（$M \pm SD = 28.29 \pm 1.57$），未达标 21 人（$M \pm SD = 13.48 \pm 6.93$），两组的听写成绩之间也存在非常显著的差异，$t(22.51) = 9.51$，$p < 0.001$。但两个班的整体听写成绩间不存在显著差异，$t(73) = 0.997$，$p = 0.322$，两个班的达标组听写成绩之间差异不显著，$t(35) = 0.54$，$p = 0.592$，两个班未达标组听写成绩之间的差异也不显著，$t(36) = 0.75$，$p = 0.456$。

　　第三阶段，实验练习阶段。随机将一个班（124 班）分为拼音输入练习组，在计算机教室完成练习；一个班（123 班）为传统手写练习组，在日常教室完成练习。将 30 个字分别组成多个词语或短句，拼音输入组进行电脑键盘拼音输入字词练习（搜狗全拼），传统手写组进行传统纸笔手写字词练习。利用每周一次的信息技术课，由同一名教师在课堂上布置完成任务，将包含 30 个字的词语或短句呈现于黑板上，均标注拼音，每次练习一遍，共练习 6 次，每周一次。为保证学生练习的效果，并未规定练习的上限时间，以完成每次练习的任务为准，拼音输入组每次完成练习平均耗时约 25 分钟，手写组约为 15 分钟。为避免学生在课后进行有意练习，并不强调学生一定要记住这些字，只是告诉学生进行输入练习或者书写练习，这也是为了模拟学生平时使用键盘输入或手写的实际情况。为避免不相关字词所带来的记忆负荷和干扰，尽量在每次练习时，提供不同的词语和短句，但所练习的 30 个字都被嵌入到这些词语或短句中。对前测达标组学生而言，该过程是复习过程；而对未达标组学生而言，该过程则是学习过程。

　　第四阶段，练习后测验阶段。最后一次练习完毕后，在一周内进行两次测试。将 30 个字随机分成两个部分，各 15 个字，一部分进行回忆书写测验（即填空题），一部分进行再认选择测验（即选择题）。回忆书写测验题目都是曾经练习过的词或短语，所嵌入的字空缺，但均标注拼音，需被试进行填写；再认选择测验题目与回忆书写测验类似，不同的是提供包括正确选项在内的 3 个选项供被试再认选择，其余两个选项是形似字。为平衡不同汉字难度的可能影响，进行两次测试，第一次测试为 A 卷，第二次测试为 B 卷，两套试卷所考核的选择字和填空字是对应的，即 A 卷填空字是 B 卷的选择字，A 卷的选择字是 B 卷的填空字。两次测试时间间隔为 3 天。测试成绩计分为一字一分。被试在这两套试卷的选择题上的得分之和即为该被试的再认选择得分；填空题得分之和即为回忆书写得分。测验过程中要求又快又准地完成测验，想不起来的字空缺。

　　第五阶段，追踪测验阶段。间隔 3 个月后进行追踪测验。用同样的测验对被试进行测试，程序与上一测验过程类似。整个实验过程约共经历 5 个月时间，在 2014 年 9 月至 2015 年 4 月间完成。数据采用 SPSS19.0 进行重复测量的方差分析。

二、研究结果

（一）手写和拼音输入练习对儿童汉字学习及复习的影响

首先，检验不同组儿童经由两种方式练习后是否存在学习的进步或已有

学习效果的巩固，以避免较低的学习率。对未达标组而言，练习过程即继续
学习过程，检验其学习的进步；对已达标组而言，练习过程实质则是复习过
程，检验其已有学习效果的巩固。是否存在学习的进步或巩固，以儿童在练习
前后的回忆书写成绩作为指标。不同组儿童在不同时间书写上的表现见表5-1。

表5-1　两组儿童在练习前后的书写成绩得分描述 (M, SD)

练习方式	达标组		n	未达标组		n
	前测	练习后		前测	练习后	
手写练习	27.95	28.40	20	15.24	27.35	17
	(2.19)	(2.14)		(7.44)	(1.90)	
拼音输入练习	28.29	28.06	17	13.48	20.00	21
	(1.57)	(2.28)		(6.93)	(6.96)	

以时间、练习方式和达标类型为自变量，回忆书写分数为因变量，进行
重复测量的方差分析，重点考察不同组儿童回忆书写表现随时间的变化特
点。结果发现，时间：$F(1, 71) = 88.11$，$p < 0.001$，$\eta_p^2 = 0.554$；练习方
式：$F(1, 71) = 5.46$，$p = 0.022$，$\eta_p^2 = 0.071$；达标类型：$F(1, 71) =$
88.38，$p < 0.001$，$\eta_p^2 = 0.555$，主效应均显著。时间和达标类型的交互作用
显著，$F(1, 71) = 84.14$，$p < 0.001$，$\eta_p^2 = 0.542$；时间和练习方式的交互
作用显著：$F(1, 71) = 9.77$，$p = 0.003$，$\eta_p^2 = 0.121$；达标类型和练习方式
的交互作用显著，$F(1, 71) = 5.47$，$p = 0.022$，$\eta_p^2 = 0.072$。时间、练习方
式和达标类型的交互作用显著，$F(1, 71) = 5.97$，$p = 0.017$，$\eta_p^2 = 0.078$。
为进一步分析交互作用的来源，对三者交互作用进行简单交互作用分析，交
互作用图见图5-1。

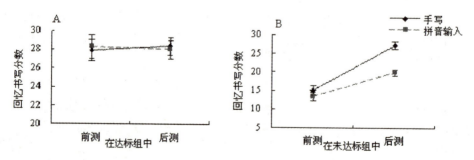

图5-1　时间、练习方式与达标类型在回忆书写上的交互作用图
（图中误差线为标准误）

简单交互作用检验发现，对达标组儿童而言，手写和拼音输入方式的回

忆书写成绩不随测验时间变化，$F(1, 71) = 0.26$，$p = 0.643$，$F(1, 71) = 0.05$，$p = 0.823$。意味着以两种不同的练习方式复习，都同样有助于巩固先前学习效果。但在未达标组中，手写和拼音输入方式的回忆书写成绩前后测之间均存在非常显著的差异，$F(1, 71) = 133.16$，$p < 0.001$，$\eta_p^2 = 0.65$，$F(1, 71) = 47.68$，$p < 0.001$，$\eta_p^2 = 0.40$。意味着运用两种不同练习方式进行学习，都有利于学习的进步。综上，拼音输入及手写练习两种方式都既有助于已达标组儿童的汉字复习巩固，也有利于尚未达标组儿童的汉字学习进步，研究中被试的练习是有效的，避免了学习率低或者学习无效的情况。接下来要探讨的是，经由两种方式练习后，儿童的再认和回忆书写进步或者巩固效果是否存在显著差别。

（二）手写和拼音输入练习对儿童汉字再认及回忆书写表现的影响

考察不同达标程度组儿童，经两种练习方式后的再认选择（选择题）和回忆书写（填空题）表现，以检验练习方式不同所造成的再认及书写效果差异。不同组儿童练习后，在填空题和选择题上的得分情况见表5-2。

表5-2　两组儿童练习后的再认选择及回忆书写测验得分描述（M, SD）

练习方式	达标组		n	未达标组		n
	前测	练习后		前测	练习后	
手写练习	28.40 (2.14)	29.65 (0.49)	20	27.35 (1.90)	29.06 (0.75)	17
拼音输入练习	28.06 (2.28)	29.71 (0.59)	17	20.00 (6.96)	28.86 (1.28)	21

以测验题型、达标类型和练习方式为自变量，测验成绩为因变量，进行重复测量的方差分析，重点考察不同练习方式被试在不同题型上的得分差异。结果发现，测验题型：$F(1, 71) = 56.49$，$p < 0.001$，$\eta_p^2 = 0.443$；达标类型：$F(1, 71) = 25.53$，$p < 0.001$，$\eta_p^2 = 0.264$；练习方式：$F(1, 71) = 14.11$，$p < 0.001$，$\eta_p^2 = 0.166$，主效应都显著。练习方式和测验题型交互作用显著，$F(1, 71) = 17.77$，$p < 0.001$，$\eta_p^2 = 0.200$；练习方式和达标类型的交互作用显著，$F(1, 71) = 12.13$，$p = 0.001$，$\eta_p^2 = 0.146$；测验题型和达标类型的交互作用显著，$F(1, 71) = 18.33$，$p < 0.001$，$\eta_p^2 = 0.205$。练习方式、达标类型和测验题型三者交互作用也显著，$F(1, 71) = 14.23$，$p < 0.001$，$\eta_p^2 = 0.167$。为探讨上述交互作用的来源，对三者交互作用进行检验，交互作用图见5-2。

简单交互作用检验表明，在达标组中，手写和拼音输入两种练习方式在填空与选择两种测验题型上均不存在显著差异，$F(1, 71) = 0.064$，$p = 0.802$，$F(1, 71) = 0.039$，$p = 0.843$，意味着两种不同练习方式对已达标被试的复习而言，都同样有助于再认和书写的巩固，且效果一致。但在未达标组中，两种练习方式存在显著的交互作用，即在填空题得分上差异显著，$F(1, 71) = 30.16$，$p < 0.001$，$\eta_p^2 = 0.298$；在选择题上得分差异不显著，$F(1, 71) = 0.53$，$p = 0.471$，意味着对未达标儿童的学习而言，手写练习与拼音输入练习对再认的效果相当，但手写练习更有助于练习后的回忆书写，其对回忆书写的积极效应更大。

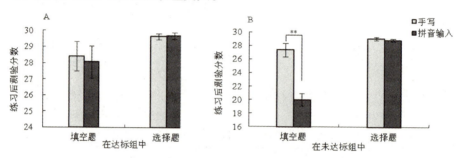

图 5 – 2　练习方式、测验题型与达标类型的交互作用图

（图中误差线为标准误，$^{**}p < 0.001$。）

（三）手写和拼音输入练习后儿童汉字再认和书写的记忆保持

分别考察已达标组儿童经两种练习方式复习后，以及未达标组儿童经两种练习方式学习至达标后，间隔 3 个月不进行练习的再认和回忆书写表现，以探讨练习方式对练习后记忆保持的影响。

1. 达标组儿童经两种练习方式复习后再认及书写的记忆保持

首先考察达标组儿童经两种不同方式复习后，间隔 3 个月不练习，在再认选择及回忆书写测验上的得分变化情况，达标组儿童练习后在不同时间点的再认及书写表现见表 5 – 3。

表 5 – 3　达标组儿童练习后在不同时间点的再认选择及回忆书写测验得分描述（M, SD）

练习方式	练习后		间隔 3 个月后	
	前测	练习后	选择题	填空题
手写练习	29.65	28.40	29.35	27.65
（$n = 20$）	(0.49)	(2.14)	(0.88)	(2.85)
拼音输入练习	29.71	28.06	29.47	27.53
（$n = 17$）	(0.59)	(2.28)	(0.80)	(2.15)

以时间、练习方式及测验题型为自变量，测验分数为因变量进行重复测量的方差分析，着重考察达标组儿童经两种方式复习后，其再认和书写表现随时间延迟的记忆保持特点。结果发现，时间：$F(1, 35) = 6.09$，$p = 0.019$，$\eta_p^2 = 0.148$；测验题型：$F(1, 35) = 27.88$，$p < 0.001$，$\eta_p^2 = 0.443$，主效应显著。时间和练习方式：$F(1, 35) = 0.15$，$p = 0.700$；时间和题型：$F(1, 35) = 1.06$，$p = 0.311$，交互效应不显著；时间、练习方式和题型三者交互作用不显著，$F(1, 35) = 0.05$，$p = 0.831$。意味着已达标组儿童分别以手写和拼音输入两种方式复习，其后的再认及书写保持过程随时间的变化趋势是一致的。见图 5 – 3。

经检验发现，已达标组儿童经手写复习和拼音输入复习，间隔 3 个月后在选择题得分上：$F(1, 35) = 2.49$，$p = 0.123$，$F(1, 35) = 1.30$，$p = 0.261$；在填空题得分上：$F(1, 35) = 2.70$，$p = 0.109$，$F(1, 35) = 1.14$，$p = 0.292$，均没有明显的下降。说明对已达标组儿童来说，使用两种练习方式复习后，都有利于再认和书写的保持，即便事隔 3 个月之久不再复习，都没有导致明显的遗忘。

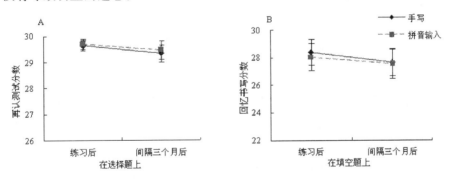

图 5 – 3　已达标组儿童复习后测验得分随时间的变化

（图中误差线为标准误）

2. 未达标组儿童经两种练习方式学习至达标后再认及书写的记忆保持

进一步考察分别经由手写和拼音输入方式学习汉字后的记忆保持效果。将在前测不达标，但分别经过两种方式练习后，练习后达标的被试筛选出来。筛选标准是练习后在填空题上的得分为 25 分及以上，即共 30 道题的 80% 以上，以探讨儿童学至达标后的记忆保持情况。被试在不同时间点上的再认选择和书写表现，见表 5 – 4。

表5-4　经由不同练习方式达标儿童的再认选择及回忆书写测验得分描述(M,SD)

练习方式	练习后		间隔3个月后	
	前测	练习后	选择题	填空题
手写练习	29.00	27.80	28.07	25.00
(n = 15)	(0.76)	(1.52)	(1.98)	(3.61)
拼音输入练习	29.57	27.43	29.71	23.14
(n = 7)	(0.80)	(2.07)	(0.49)	(2.79)

以时间、练习方式及测验题型为自变量，测验分数为因变量进行重复测量方差分析，着重考察经由两种练习方式学习至达标的儿童，其再认和书写随时间延迟的记忆保持特点。结果发现，时间：F（1，20）= 19.24，$p <$ 0.001，η_p^2 = 0.490，测验题型：F（1，20）= 44.64，$p <$ 0.001，η_p^2 = 0.691，主效应显著。练习方式主效应不显著，F（1，20）< 0.01，p = 0.996。时间与测验题型的交互作用显著，F（1，20）= 11.99，p = 0.002，η_p^2 = 0.375；测验题型与练习方式交互作用显著，F（1，20）= 5.24，p = 0.033，η_p^2 = 0.208。

着重考察同时与时间及练习方式变量有关的交互作用发现，时间与练习方式无显著交互作用，F（1，20）= 0.052，p = 0.822。说明经由拼音输入和手写方式达标的儿童，其记忆保持随时间的变化趋势是一致的。进一步考察发现，时间、练习方式与测验类型三者交互作用不显著，F（1，20）= 1.99，p = 0.174，意味着无论是在选择题还是填空题上，两种练习方式学习汉字后的测验分数随时间变化趋势都是一致的，见图5-4。检验发现，在选择题上，时间的主效应不显著，F（1，20）= 0.97，p = 0.338；练习方式和时间不存在交互作用，F（1，20）= 1.79，p = 0.196，经由两种练习方式学习后，儿童在选择题得分上具有同样的保持趋势。在填空题上，时间的主效应显著，F（1，20）= 19.18，$p <$ 0.001，η_p^2 = 0.490；练习方式和时间也不存在交互作用，F（1，20）= 0.84，p = 0.369，经由两种练习方式后，填空题得分有类似的下降趋势，意味着两种练习方式下书写的遗忘趋势一致。

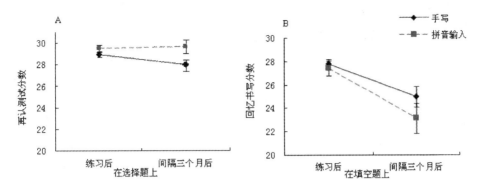

图5-4　经手写与拼音输入练习达标后测验得分随时间的变化

（图中误差线为标准误）

三、分析和讨论

综合研究结果可以发现：对已达标组儿童而言，书写与拼音输入练习都能起到同等的复习巩固作用，即使间隔一段时间不练习，也都有助于记忆保持，且再认和回忆书写效果相当。对未达标儿童而言，两种方式练习都能起到学习的作用，都有助于学习后的再认和书写，且对再认选择的积极效果一致，但对回忆书写的积极效果不一致，手写练习方式显著优于拼音输入。经由两种方式学习汉字，其记忆保持的变化趋势一致。

（一）手写与键盘拼音输入练习对儿童汉字再认的作用

手写与键入学习英文单词的研究已经表明，两种练习方式对英文单词后续的阅读再认和拼写都具有同等效果[1]。手写与键入学习字母或字符的研究发现，手写比键入学习在促进后续的字母或符号再认方面更优[2]。本研究发现，不论是已达标组的复习还是未达标组的学习，两种方式练习对汉字再认的作用相当，与针对学习后再认英文单词的研究结论一致，而与针对新字母或字符的研究结论不一致。

国外针对键入和手写学习单词的比较研究，其实验对象均已经掌握英文字母的正确表征。对已存在字母表征的个体来说，重要的是经由两种练习方式都可以得到单词发音、字母顺序及其音形联结的反馈，二者都具有高度的

---

① Ouellette, G., Tims, T. The writing way to spell: Printing vs. typing effects on orthographic learning [J]. Frontiers in Psychology, 2014 (5): 117.

② Longcamp M, Boucard C, Gilhodes J C, et al. Learning through hand or typewriting influences visual recognition of new graphic shapes: behavioral and functional imaging evidence [J]. Journal of Cognitive Neuroscience, 2008 (5): 802–815.

分析性质，产生单词的动作如何已显得不那么重要，因此在键入和手写在后续的单词再认和拼写中才具有同等作用。而针对键入和手写学习字母或字符的比较研究，其对象在研究之前均从未接触过研究中所采用的书面字符，且在训练中未提供发音的反馈。在没有书面语经验之前，如幼儿或从未有接触某种书面语言（如古吉拉特语）的成人，对新字母或符号的学习需要对字符的空间信息（如形状、方向等）进行加工。手写动作可以提供比视觉更为精细的加工，且可形成字符表征的视觉–动作联结①，从而帮助个体形成更为稳固的字符表征，因而在需要从细节上不同的干扰项中选出正确项时表现更好。

再认的过程是视觉字形激活正字法、语音并通达语义的过程。中文识别的大多数理论模型中都假设了心理词典中正字法、语义和语音的双向激活联系。拼音输入汉字与手写汉字练习都存在汉字字形的整体视觉反馈，在产生汉字的过程中都可能存在语音的激活，因而均可能加强心理词典中的字义、字音及正字法间的联结。有研究发现拼音输入法和纵横输入法对汉字认知加工的"形"、"音"均有积极影响②。也有汉字识别的研究表明，拼音输入经验既促进了声韵母的加工，也促进了汉字笔画部件的加工③，均提示拼音输入有利于汉字再认或识别，本研究则进一步发现拼音输入与手写练习对汉字再认具有同等效果。本研究中，手写和键入都是在提供汉字拼音的条件下进行的，因而两种方式均能同样提供汉字字音的反馈和字形整体的视觉反馈，均加强了被试心理词典中的汉字义–音–形联结。对未达标组儿童的学习而言，义–音–形联结通过两种方式都能够得以建立并加强；而对已达标组儿童的复习而言，通过两种方式都能够让三者间的联结变得更为牢固。此外，再认选择测试也提供了汉字拼音，儿童只需要依据线索唤起汉字的整体表征，因此两种练习方式对汉字再认具有同等的作用，在汉字学习或复习后的再认方面，并不能体现"手写动作优势"。

（二）手写与键盘拼音输入练习对儿童汉字书写的作用

如前所述，比较键入和手写学习英文单词效果的相关研究已经发现，两

① James K H, Engelhardt L. The effects of handwriting experience on functional brain development in pre-literate children [J]. Trends in Neuroscience & Education, 2012 (1): 32 –42.

② 钱华，冯成志. 汉字输入法对汉字字词加工的影响研究 [J]. 心理科学，2004（6）：1368 – 1370.

③ 朱朝霞，刘丽，丁国盛，彭聃龄. 拼音输入法经验对汉字字形和语音加工的影响 [J]. 心理学报，2009（9）：785 –792.

者在促进新学习单词的回忆拼写上具有同等的效果。由于英文单词的手写与键入可同样提供单词发音及字母顺序的反馈，在两种练习方式下，均强迫儿童考虑单词中的每一个字母和发音①，儿童在学习中既参与了语音，也参与了正字法，因而键入和手写对于英文单词书写学习的效果相当。本研究则发现，手写练习与拼音输入练习对已达标组儿童的书写复习巩固效果相当，但手写练习对未达标组儿童书写学习的积极促进作用更强。

　　就书写复习而言，对每个表意文字来说，运动图式可能都是其基本的表征成分，其由笔画组成的书写轨迹是人们从记忆中唤起它们的重要线索。达标组儿童已存在正字法和外周动作程序间的牢固联系，拼音输入复习尽管在获得字音的反馈方面更具优势，但同样提供了字形的整体视觉反馈，这种视觉反馈可能反过来激活或加强已有的手写动作程序。在中文阅读和书写的功能模型（*functional model of reading and writing in Chinese*）中，研究者已假设了正字法和书面字形间的双向激活联系②。日文字的脑成像研究也发现③，只需看到表意字，被试的大脑便显示出运动区的激活。这意味着对已存在的正字法和书写动作联结而言，拼音输入练习可以具有和手写练习同等的巩固作用，在汉字书写复习方面，同样不存在"手写动作优势"。同时该结果也提示我们"提笔忘字"很可能不是运用拼音输入法导致的结果。

　　就书写学习而言，由于拼音输入学习汉字不需要手写动作，很明显缺乏从正字法到外周手写动作的联系反馈，该联系很难得到建立和加强。理论上说，对完全没手写过汉字的儿童，如果仅仅通过拼音输入学习汉字，纵然能学会再认阅读汉字，但由于不可能形成正字法和动作之间的联结，仍可能对纸笔手写汉字起不到作用。本研究中，却发现儿童拼音输入汉字对书写学习同样具有积极效果。由于小学六年级儿童均具有手写书面汉字经验，对汉字的笔画、部首等细节均有一定程度的认识，实验汉字可能只是其以往所接触过的笔画、部首等在空间上的新组合。可能正是因此，本研究中的儿童才在键盘输入仅提供整体反馈的情况下，也表现出后续回忆书写的进步，但这种进步远没有手写练习所带来进步大。手写学习汉字存在着手写动作轨迹、方

　　① Bosse M L, Chaves N, Valdois S. Lexical orthography acquisition: Is handwriting better than spelling aloud? [J]. Frontiers in Psychology, 2014 (5): 56.

　　② Weekes B S, Yin W, Su I F, et al. The Cognitive Neuropsychology of Reading and Writing in Chinese [J]. Language & Linguistics, 2006 (15): 169 - 191.

　　③ Longcamp M., Velay J. L. The influence of writing practice on letter recognition in preschool children: A comparison between handwriting and typing [J]. Acta Psychologica, 2005 (1): 67 - 79.

向、部位等细节反馈，不断重复着正字法与外周动作程序间的联系。因此，相对于拼音输入汉字练习而言，手写汉字练习不仅形成的正字法表征更完整，且更加强了正字法代码与书写动作间的联结，体现出汉字书写学习方面的"手写动作优势"。该推论还需要进一步将实验对象扩展未有手写书面汉字经验的儿童进行证实。但我们可以认为，在儿童的识字教学中，可以采用键盘拼音输入方法，而在书写教学中，最好以传统手写为主，拼音输入为辅，而不能像国外儿童那样，低年级就可以使用键入学习英文①。

此外，由于手写和键入学习汉字可能受儿童已有读写能力、智力水平、视觉和动作协调能力等因素的影响，不同读写水平、智力水平或视动协调能力的儿童可能与不同的练习方式更相适应。尤其是前测未达标组的儿童，其拼音输入练习相比手写所带来更小的积极效应，是否跟这些儿童已有的智力、读写能力等有关？由于是在普通学校的日常课堂上进行教学实验，且从未达标组儿童的语文成绩看（平均为 85 分），这些儿童均能完成普通学校语文学习的任务，似乎不存在智力、读写能力低下的问题，因而本研究中并没有对儿童已有的阅读能力、智力及视动协调能力进行专门的前测控制或筛选。虽然有研究发现儿童已有阅读、拼写水平与练习方式间并不存在交互作用②；不同组儿童（正常与学习失能）与练习方式间也不存在交互作用③，但基于英文的研究结果可能并不能直接运用于汉字学习。在进一步的研究中应该对普通儿童已有读写能力、智力水平、视动协调能力等因素进行前测，在统计分析过程中予以控制；或者将研究对象扩展至学习失能儿童和超常儿童，以考察儿童组与练习方式间是否存在交互作用。

（三）手写与键盘拼音输入练习对儿童汉字记忆的保持作用

"提笔忘字"现象究竟是不是由于长期使用拼音输入汉字所导致的？研究者试图回答这个问题，发现使用拼音输入法加强了汉字的义-音联结，使用五笔输入法则加强了汉字的义-形联结④。遗憾的是，他们并没有说明拼

---

① Konnikova, M. What's lost as handwriting fades［N］. The New York Times, 2014 - 07 - 03, D1.

② Ouellette, G. , Tims, T. The write way to spell: Printing vs. typing effects on orthographic learning. Frontiers in Psychology, 2014（5）: 117.

③ Vaughn S, Schumm J S, Gordon J. Which motoric condition is most effective for teaching spelling to students with and without learning disabilities? ［J］. Journal of Learning Disabilities, 1993（3）: 191 - 198.

④ 张积家，李茂. 汉字输入法对汉字形、音、义联结的影响［J］. 心理科学，2010（4）: 835 - 838.

音输入法是否弱化了义-形联结。但有研究发现，拼音输入经验也促进了字形加工①，这与本研究前述拼音输入练习对汉字书写学习及复习均有积极效果是一致的，均提示拼音输入法可能并不是"提笔忘字"的原因。

本研究发现，达标组儿童经手写和拼音输入两种方式复习后，在书写和再认上的表现相当，意味着两种练习方式都有助于学习的巩固。间隔3个月后重新测试，其复习效果也没有明显的下降趋势，说明两种练习方式都有利于记忆保持，拼音输入复习至少不会比手写带来更为明显的遗忘，但该结论可能还需要延长重测的时间进一步证实。对未达标组儿童来说，经由两种方式学习至达标，停止练习3个月后，其记忆保持随时间的变化趋势也几乎一致，且遗忘主要体现在书写上而不是再认上。这和我们日常经历的"提笔忘字"现象具有类似性，"提笔忘字"并不是指我们不能再认，而是指我们认为曾经会写的字当前写不出来或者书写错误。这意味着我们的心理词典中实际上一直储存着正字法代码，在有线索的情况下可以立即激活提取字形，在无线索的情况下，则由于某些原因导致字形书写困难。

因此，上述研究结果虽然未能证实手写学习或复习汉字相对于拼音输入更有助于汉字的记忆保持，即未能发现记忆保持中的"手写动作优势"，但仍然在一定程度上解释了"提笔忘字"的原因。理论上，导致"提笔忘字"的可能原因有两个。其一，可能是由于长期使用拼音输入，汉字正字法虽仍然储存于心理词典中，但其转换为外周动作程序受阻所致；其二，也可能是所"忘记"的字，恰恰是个体长期既未手写，也未拼音输入的字，致使其心理词典中的正字法记忆弱化，即由于纯粹的遗忘所致，而与动作方式无关。本研究结果已发现，手写练习在促进书写方面比拼音输入更有优势，但两种方式学习后的遗忘过程几乎一致，综合提示"提笔忘字"现象主要跟正字法代码记忆弱化有关，而不是跟动作程序与正字法表征之间的联结弱化相关。否则，倘若拼音输入学习建立的正字法与动作程序间的联结不如手写牢固，那么其书写遗忘过程将更快。综上，"提笔忘字"现象不是由于使用拼音输入而导致的，而应该是长期既未手写也未拼音输入曾会写的汉字，导致正字法代码弱化的结果。

另外，前述结果已指出手写学习对于回忆书写的积极效果比拼音输入更大，那么这种效应是否是由于练习和测试的条件一致性所导致的呢？由于拼

---

① 朱朝霞，刘丽，丁国盛，彭聃龄. 拼音输入法经验对汉字字形和语音加工的影响［J］. 心理学报，2009（9）：785-792.

音输入法的特点，我们不能在测试阶段直接键入字形，因此未能直接检验是否存在条件一致性效应。但从前述的两部分结果可以进行间接推论：其一，对已达标组儿童而言，拼音输入与手写两种练习方式后的书写表现一致，说明拼音输入练习同样适用于后续的纸笔书写测验条件；其二，对未达标组儿童两种方式练习至达标后的记忆保持结果比较发现，其遗忘过程是一致的，间接说明了似乎不存在条件一致性的明显影响（若该影响存在，通过拼音输入学习的被试在书写上的遗忘速度应该会更快）。

由此，本研究得到以下结论：纸笔手写和拼音输入练习都有利于儿童对汉字的学习，对儿童汉字的复习巩固有同等效果，手写练习对书写学习的促进作用更大；两种练习方式都有助于形成或巩固汉字在心理词典中的义－音－形联结，手写动作则更有利于汉字从正字法代码向书写动作程序的转换。经纸笔手写和拼音输入两种方式复习或学习后，儿童对汉字的记忆保持变化一致，"提笔忘字"现象的原因不是由于使用拼音输入法导致的，可能是心理词典中正字法代码弱化的结果。

第二节　拼音输入经验对汉字义、形、音一致性判断的影响

本节在上一研究的基础上，继续探析拼音输入使用对个体汉字认知的影响。前一研究的指标仅局限于汉字练习后的再认和回忆书写成绩，属于自然行为指标，还未能直接反映个体使用拼音输入后字词心理词典中，义－音－形表征及其联结的变化。结合前人研究所发现的，拼音输入经验可能有助于强化字音表征和音－形联结，本研究假设在图片和成语空字两种启动方式下，高低拼音输入经验者对字形和字音的判断反应时、正确率均存在显著差异。低经验者对字形判断更快，正确率更高；高经验者对字音判断更快，正确率更高。

一、研究过程和方法

（一）研究方法

本研究采用 $2 \times 2 \times 2$ 三因素混合实验设计，自变量为拼音输入经验（被试间因素：高、低），启动方式（被试内因素：图片启动、成语空字启动），任务（被试内因素：字形判断、字音判断）。因变量为正确率和正确判断的反应时。

　　研究样本为湖南省郴州市资兴市立中学高一年级学生 165 人，先以数字化书写经验问卷为测量工具，结合拼音输入熟练度自评（被试需在 10 点量表上自我评价拼音输入熟练度），按二者得分从低到高排序，从高低端各筛选出视力正常被试共 59 人，其中低经验组 30 人（其数字化书写经验与拼音输入熟练度自评 $M \pm SD$ 分别为 8.23 ± 1.38，5.63 ± 2.40），高经验组 29 人（17.24 ± 2.40，7.25 ± 2.27），检验发现二组在数字化书写经验和拼音输入经验上的差异都非常显著（$t = -17.42$，$p < 0.001$；$t = -2.63$，$p = 0.011$）。由于筛选的学生中，有 4 人在正式实验前请假，因而最后完成实验的人数为低经验组 29 人，高经验组 26 人。

　　实验材料中有两类启动材料（见附录 4、5）。其一，选取自张清芳，杨玉芳（2003）修订的标准化刺激图片 30 幅，均以单字词命名，提供图片 - 命名字对（如"牛"）和图片 - 形似字对（如"午"），共 30 幅图片，60 个字（30 个名称字，30 个形似干扰字），其中图片名称字均属于高频汉字，其频序在 168 ~ 2548 之间，平均为 1170.67，被试需要尽快做是、否反应。其二，常用四字成语 30 个，其中每个成语的最后一个字空缺，如"七上八（　）"，其字频序在 28 ~ 2936 之间，平均为 986.63，作为启动刺激，和其配对的有正确字（如"下"）和形似字（如"卞"）。也有两类反应材料，一类是前述的字形，一类是字音，如"niu"及其干扰"liu"，"xia"及其干扰"cia"等。

　　上述实验材料均在实验前经过形似和音似的评定。对图片名称字及成语空缺字的形似字采用以下方法选取。每个正确字提供 3 个形似字，由 50 名大学生从这三个形似字中选择与正确字最为相似的字，最后比例最高的字被选用为实验干扰字。其中 30 张图片干扰字的选择一致性比率在 0.40 ~ 1.00 之间，平均为 0.75（$SD = 0.18$），Kendall's $W = 0.526$（$\chi^2 = 670.93$，$p < 0.001$）；30 个成语空缺字的选择一致性比率在 0.36 ~ 0.98 之间，平均为 0.73（$SD = 0.18$），Kendall's $W = 0.406$（$\chi^2 = 553.36$，$p < 0.001$）。对图片名称字及成语空缺字的音似拼音采用类似的方法。每个字提供 2 个音似拼音，由另外 49 名大学生从这 2 个拼音中选取最为相似的拼音，最终比例最高的拼音被选用为实验干扰字音。其中 30 个图片字干扰音的选择一致性比例在 0.52 ~ 0.92 之间，平均为 0.72（$SD = 0.13$），Kendall's $W = 0.263$（$\chi^2 = 310.31$，$p < 0.001$）；30 个成语空缺字字干扰音的选择一致性比例在 0.49 ~ 0.86 之间，平均为 0.65（$SD = 0.11$），Kendall's $W = 0.157$（$\chi^2 = 200.41$，

$p < 0.001$）。

（二）实验程序

实验过程分为三个阶段。准备阶段：提供正确的图片－字、音对，成语－字、音对供被试熟悉实验材料；练习阶段：提供一组 24 对启动刺激和反应材料供被试练习，对按键正误进行反馈，以熟悉实验要求和过程；正式实验阶段：分为两个独立的实验任务，其一是图片和成语启动的义形一致性判断，如"牛"字或图片－午和七上八（　　）－下；其二是图片和成语启动的义音一致性判断，被试完成一个任务后休息 3 分钟进入下一个任务，如"牛"－liu 和七上八（　　）－xia。实验完成后被试获得小礼物回馈。

实验程序采用 E-prime 编程。刺激呈现顺序和持续时间如下：（1）义形一致性判断任务中的刺激呈现程序："＋"（1200ms）——图片或空字成语（500ms）——单字（反应后消失，F 为肯定判断，J 为否定判断或者 2000ms 消失，记为错误反应）——空屏（800ms）。每幅图片和成语各重复 2 次，正确配对单字和形似字各半，随机呈现。为避免被试出现反应倾向，随机加入 10 次肯定判断和 10 次否定判断，共计 140 次判断。（2）义音一致性判断任务中的刺激呈现程序："＋"（1200ms）——图片或空字成语（500ms）——单字注音（反应后消失，F 为肯定判断，J 为否定判断或者 2000ms 消失）——空屏（800ms）。每幅图片和成语重复 2 次，正确配对注音和干扰注音各半，随机呈现。为避免被试出现反应倾向，随机重复 10 次肯定判断和 10 次否定判断，共计 140 次判断。核心实验程序示例如下图 5－5：

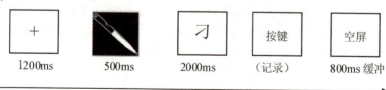

图 5－5　核心实验程序流程图

数据采用 SPSS19.0 进行重复测量的方差分析，分析拼音输入经验、启动材料和任务的主效应，着重分析拼音输入经验与任务、启动材料间的交互作用。

二、研究结果

分析前先对实验数据进行初步整理，在被试的反应序列中，将其反应时超过正负三个标准差的数据剔除再计算平均反应时；然后检查被试的判断正确率，删除在不同判断任务中正确率低于三个标准差的个案共 5 个，保留 50 个有效个案。

（一）拼音输入经验高低组被试判断正确率的方差分析

拼音输入经验高低组被试在不同任务中的正确率平均数和标准差见表 5－5。

表 5－5　拼音输入经验高低组不同判断任务的正确率（M，SD）

	图片字形判断	图片字音判断	成语字形判断	成语字音判断
低组	0.95	0.83	0.91	0.74
（$n=27$）	(0.04)	(0.10)	(0.05)	(0.12)
高组	0.92	0.86	0.89	0.81
（$n=23$）	(0.09)	(0.07)	(0.05)	(0.08)

采用重复测量的方差分析，考察各自变量对判断正确率的影响。方差分析结果见表 5－6。

表 5－6　不同判断任务正确率的重复测量方差分析结果

	SS	df	MS	F	p	η_p^2	检验力
启动材料	0.129	1	0.129	70.818	0.000	0.596	1.000
启动材料×组别	0.011	1	0.011	6.228	0.016	0.115	0.686
误差（启动）	0.088	48	0.002				
任务	0.532	1	0.532	60.460	0.000	0.557	1.000
任务×组别	0.066	1	0.066	7.446	0.009	0.134	0.762
误差（任务）	0.422	48	0.009				
启动材料×任务	0.007	1	0.007	4.952	0.031	0.094	0.587
启动材料×任务×组别	0.001	1	0.001	0.803	0.375	0.016	0.142
误差（启动材料×任务）	0.069	48	0.001				
组别	0.009	1	0.009	0.664	0.419	0.014	0.126
误差（被试间）	0.618	48	0.013				

由方差分析结果可见，启动材料和任务的主效应显著，意味着成语启动的判断正确率低于图片启动，字形判断的正确率要高于字音判断；启动材料与组别、任务三者间，两两交互作用显著。随后对两两交互作用进行简单效应检验，交互作用图如下列图示：

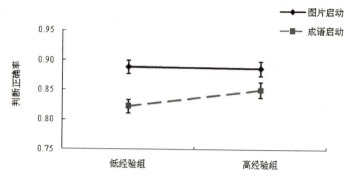

图5-6 启动材料与组别在正确率上的交互作用

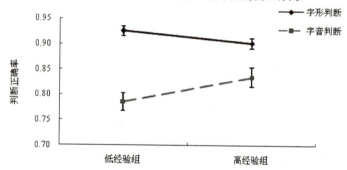

图5-7 判断任务与组别在正确率上的交互作用

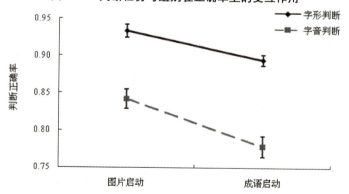

图5-8 判断任务与启动材料在正确率上的交互作用

简单效应检验发现，高低拼音输入经验组被试在图片启动任务上和成语启动任务上均不存在显著差异：$F(1, 48) = 0.013$，$p = 0.909$；$F(1, 48) = 2.751$，$p = 0.104$，但后者的效应量（$\eta_p^2 = 0.054$）相比前者（$\eta_p^2 = 0.00$）而言，显示出拼音经验在成语启动任务中更具大的效应。高低拼音输入经验组被试在字形判断任务上不存在显著差异，$F(1, 48) = 2.640$，$p = 0.111$，

$\eta_p^2 = 0.052$；在字音判断任务上边缘显著，F（1，48）= 3.653，$p = 0.062$，其效应量 $\eta_p^2 = 0.071$。在两种判断任务上，图片启动任务正确率均显著高于成语启动：F（1，48）= 23.672，$p < 0.001$；F（1，48）= 58.774，$p < 0.001$，但在字音判断任务上，效应量为 $\eta_p^2 = 0.550$，而在字形判断任务上效应量为 $\eta_p^2 = 0.330$。意味着两种启动材料，在字音判断正确率上所带来的效应更大。

（二）拼音输入经验高低组被试判断反应时的方差分析

拼音输入经验高低组被试在不同任务中的判断反应时平均数和标准差见表 5-7。

表 5-7　拼音输入经验高低组被试在不同任务中的反应时（M，SD）

	图片字形判断	图片字音判断	成语字形判断	成语字音判断
低组	690.20	895.97	749.50	893.12
（$n = 27$）	(98.14)	(133.07)	(97.04)	(146.39)
高组	682.35	822.24	717.86	823.77
（$n = 23$）	(78.04)	(129.44)	(78.97)	(145.00)

采用重复测量方差分析，进一步考察各自变量对判断反应时的影响。方差分析结果见表 5-8。

表 5-8　不同判断任务反应时的重复测量方差分析

	SS	df	MS	F	p	η_p^2	检验力
启动材料	27132.46	1	27132.46	9.475	0.003	0.165	0.855
启动材料 × 组别	1171.41	1	1171.41	0.409	0.525	0.008	0.096
误差（启动）	137449.56	48	2863.53				
任务	1099990.91	1	1099990.91	106.65	0.000	0.690	1.000
任务 × 组别	33323.21	1	33323.21	3.231	0.079	0.063	0.421
误差（任务）	495074.78	48	10314.06				
启动材料 × 任务	28697.38	1	28697.38	11.521	0.001	0.194	0.914
启动材料 × 任务 × 组别	2463.66	1	2463.66	0.989	0.325	0.020	0.164
误差（启动材料 × 任务）	119559.31	48	2490.82				
组别	103497.65	1	103497.65	2.666	0.109	0.053	0.360
误差（被试间）	1863145.80	48	38815.54				

由方差分析结果可见，启动材料和任务的主效应显著，组别的主效应不显著，意味着图片启动的反应时要长于成语启动，字形判断的反应时要短于字音判断。启动材料和任务的交互作用显著，任务和组别的交互作用边缘显著（$p = 0.079$）。进一步对交互作用进行考察，并进行简单效应检验，见图 5–9、图 5–10。

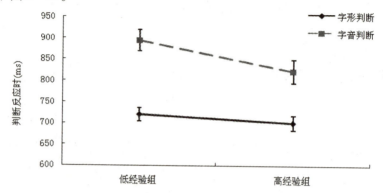

图 5–9　判断任务与组别在反应时上的交互作用

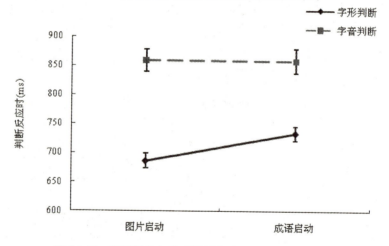

图 5–10　判断任务与启动材料在反应时上的交互作用

简单效应检验发现，拼音输入经验高低组被试在字形判断上的反应时差异不显著，$F(1, 48) = 0.699$，$p = 0.407$；在字音判断上边缘显著，高经验组被试反应时低于低经验组被试，$F(1, 48) = 3.604$，$p = 0.064$，效应量 $\eta_p^2 = 0.070$。图片启动和成语启动在字音判断上被试反应时无显著差异，$F(1, 48) = 0.003$，$p = 0.954$，但在字形判断上存在显著差异，图片启动反应时显著低于成语启动，$F(1, 48) = 26.40$，$p < 0.001$，效应量 $\eta_p^2 =$

0.355。

三、分析和讨论

（一）拼音输入经验对义形一致性判断的影响

研究结果发现，高低拼音输入经验组被试对义 – 形一致性判断正确率不存在显著差异（$p = 0.111$），对义 – 形一致性判断的反应时也不存在显著差异（$p = 0.407$）。研究假设虽未得到证实，但该结果与研究一中，高中生拼音输入经验与字词拼写成绩间无显著相关关系具有一致性。语义启动材料的不同会给被试的义 – 形一致性判断的正确率和反应时带来影响，图片启动的情况下，被试的义 – 形判断正确率高于成语启动（$p < 0.001$，$\eta_p^2 = 0.330$），反应时低于成语启动（$p < 0.001$，$\eta_p^2 = 0.355$）。

曾有针对汉语词汇产生中的义、形、音激活研究指出，语义激活之后紧随字形的激活，之后才是语音，而且即使在图画称名的过程中，也发现字形的促进效应，字形信息在汉语词汇产生中起着重要的作用[①]。由此可见，心理词典中汉字义 – 形之间的联系是非常紧密的。由于本实验材料所采用的图片及空字成语，其所启动的字都属于高频字，其字义和字形间的联系更为紧密，因而义 – 形一致性判断并未受到拼音输入经验的影响。有研究者已经发现五笔输入法被试与拼音输入法被试在图片启动任务下，字形肯定判断之间不存在显著差异，在图片启动音异字形否定判断上也不存在显著差异[②]，与本研究结果存在一定程度的一致性。再者，前述研究已发现，拼音输入和手写同样可以促进字形记忆，在有线索的情况下，两者在回忆测验中的表现是同等的。由于本研究提供语义启动后，跟随的即是字形线索，所以无论是拼音输入经验高还是低，对义 – 形一致性的判断都无明显影响，这和前述结果是一致的。

还有针对拼音输入法经验对汉字字形加工的影响研究采用低频汉字启动的字形搜索任务，发现拼音输入经验对汉字的成字部件和非成字部件的加工都具有促进作用[③]，意味着键盘拼音输入有利于字形加工，这和本研究结果并不一致。作者的解释是，由于拼音输入涉及字形选择，经验丰富的被试对

① 张清芳，杨玉芳. 汉语词汇产生中语义，字形和音韵激活的时间进程 [J]. 心理学报，2004（1）：1 – 8.

② 张积家，李茂. 汉字输入法对汉字形、音、义联结的影响 [J]. 心理科学，2010（4）：835 – 838.

③ 朱朝霞，刘丽，丁国盛，彭聃龄. 拼音输入法经验对汉字字形和语音加工的影响 [J]. 心理学报，2009（9）：785 – 792.

字形可能有更多的关注，从而对字形更为敏感。与本研究不同的是，该研究所采用的任务是汉字启动字形匹配搜索任务，探讨的是汉字阅读层面的问题，即形－部件之间的联系，而不是汉字产生层面，即义－形之间的联系问题。综合该研究和本研究的结果，提示出拼音输入在汉语词产生和阅读方面似乎存在着不同的影响机制。

（二）拼音输入经验对义音一致性判断的影响

研究结果发现，由拼音输入经验高低在字音判断上所带来的效应要大于字形判断（图5-7，图5-8），拼音输入经验高的被试在义音判断上的正确率要较高于输入经验低的被试（$p=0.062$，$\eta_p^2=0.071$）；高经验组在义音判断上的反应时较低于低经验组（$p=0.064$，$\eta_p^2=0.070$）。启动材料影响义－音判断的正确率（$\eta_p^2=0.550$）（图5-8），但不影响义－音判断的反应时（图5-10）。

有两项相关的研究得到类似的结果。钱华，冯成志（2004）采用形似判断和音似判断任务，考察运用纵横输入法和拼音输入法的小学生在判断正确率和反应时上的差异①，结果发现使用纵横输入法的被试在形似判断中占优势，使用拼音输入法的被试在音似判断中占优势。另一项研究则采用图片启动的义－形判断和义－音判断任务，比较了惯用五笔输入法和拼音输入法大学生的字形及字音判断错误率和反应时，发现拼音输入法被试在字音肯定判断上错误率显著低于五笔输入法被试，而且拼音输入被试在音同字形否定判断上错误率显著高于五笔输入的被试，说明拼音输入法被试相对五笔输入法被试而言，其对义－音之间的联系更为敏感②。上述两项研究都表明了，拼音输入法经验可能促进被试对字音的加工，拼音输入经验越多，对字音判断的成绩会越好。本研究结果与两者的结论具有一致性。前述研究者关于该现象的主要解释是，拼音输入的练习或者使用可能加强了个体心理词典中义－音之间的联结，由此导致其字音判断更具优势。但还存在另一种可能，即由于该类研究所提供的字音，实际上是以视觉方式呈现的拼音字母，不是严格意义上通过听觉通道呈现的汉字发音，因此我们不能区分该效应是由于心理词典中的义－音联结加强造成的，还是由于这种字音呈现方式与拼音输

① 钱华，冯成志. 汉字输入法对汉字字词加工的影响研究 [J]. 心理科学，2004（6）：1368-1370.

② 张积家，李茂. 汉字输入法对汉字形、音、义联结的影响 [J]. 心理科学，2010（4）：835-838.

入被试日常通过键盘键入视觉形式的字母有关。要区分这两种原因，我们还需要在进一步研究中加入听觉通道的字音呈现。

另外，本研究还发现启动材料对义–形、义–音一致性判断存在影响。相对来说，成语空字启动相对于图片启动，被试所花费的认知代价更大，在义–形判断上的正确率更低，反应时更长，义–音判断的正确率也更低（图5–8，图5–10）。这是由材料本身的意义复杂程度决定的。在汉语字词产生的研究中，研究者大多数都是以图片作为语义启动材料，以避免给被试提供字形线索，虽其具有独特的优势，但也存在一定的限制，其所能启动的只是概念，而不是语义。在日常的言语产生中，无论是口头言语还是书面言语，个体基本上都是以命题为意义单位，以句子作为语言的外部结构，因而其生态效度值得怀疑。国外有关语言产生的研究中，有许多是以句子作为启动材料①，而且，有研究发现经典的语义阻碍范式（semantic blocking paradigm）与图词干扰范式相比，其所诱导出的促进与干扰效应，反应时与位于额叶和颞叶的 ERP 变化直接相关②，因而更具实际意义。本研究也发现拼音输入经验变量对成语启动的材料相对图片启动而言更为敏感（图5–6），由此，在下一步的研究中，将直接采取成语启动材料，探讨拼音输入经验对音韵判断的影响。本节所获得的研究结论如下：（1）拼音输入经验不影响义–形一致性判断。（2）拼音经验影响义–音一致性判断，拼音输入经验高的被试在义–音一致性判断上的表现要优于拼音输入经验低的被试。（3）启动材料影响义–形、义–音一致性判断的表现。拼音输入经验的效应在成语作为启动材料的条件下更为明显。

第三节　拼音输入经验对音韵一致性判断的影响

本节在上一节研究的基础上，继续探析拼音输入使用对个体汉字认知的影响。上节中我们发现拼音输入经验强化了字词心理词典中的义音联结，但未弱化义形联结。进一步考虑到，个体在使用拼音输入的过程中，会经常使

---

① Segaert K, Menenti L, Weber K, et al. Shared syntax in language production and language comprehension—an FMRI study [J]. Cerebral Cortex, 2012 (7): 1662–1670.

② Aristei, S., Melinger, A., Rahman, R. A. Electrophysiological chronometry of semantic context effects in language production [J]. Journal of Cognitive Neuroscience, 2011 (7): 1567–1586.

用到双拼的形式，即只需要输入声母就可以匹配相应的字词，因而本研究继续探讨拼音输入经验是否加强了个体心理词典中的音韵代码。研究的假设是，高低拼音输入经验者对声母和韵母的正确判断反应时和错误率均存在显著差异，高经验者对声韵母的判断更快，正确率更高；所有被试对声母的肯定判断要快于对韵母的肯定判断。

一、研究过程和方法

（一）研究方法

本研究采用 $2 \times 2 \times 2$ 三因素混合实验设计，自变量为拼音输入经验（被试间因素：高、低），音韵（被试内因素：声母、韵母），判断类型（肯定、否定）。因变量为正确判断的反应时和正确率。

实验样本为湖南省郴州市资兴市立中学高一年级学生 167 人，先以数字化书写经验问卷为测量工具，结合拼音输入熟练度自评（被试需在 10 点量表上自我评价拼音输入熟练度），按二者得分从低到高排序，从高低端各筛选出视力正常被试共 58 人，其中低经验组 29 人（其数字化书写经验与拼音输入熟练度自评 $M \pm SD$ 分别为 8.62 ± 1.15，5.46 ± 2.17），高经验组 29 人（17.55 ± 2.77，7.76 ± 2.18），检验发现二组在数字化书写经验和拼音输入经验上的差异都非常显著（$t = -16.03$，$p < 0.001$；$t = -3.98$，$p < 0.001$）。由于筛选的学生中，有 5 人在正式实验前请假，因而最后完成实验的人数为经验低组 27 人，高组 26 人。

实验材料同上节研究中的成语启动材料，常用高频四字成语 30 个，其中每个成语空缺一个字，如"七上八（　）"，作为启动刺激。有两类反应材料，一类是对应字的声母（涵盖 21 个声母）及其干扰字母，一类是对应字的韵母（既有单元音韵母如 e，共 4 个；也有复韵母如 ao，共 11 个，鼻韵母；如 ong，共 15 个）及其干扰项，如"x"及其干扰项"c"，"ia"及其干扰项"ai"等。

（二）实验程序

分为两个阶段。练习阶段：提供一组 4 个成语空字启动刺激和正确配对及干扰配对反应材料供被试练习，提供按键正误反馈，以熟悉实验要求和过程；实验阶段：分为两个独立的实验任务，其一是声母一致性判断，其二是韵母一致性判断，被试完成一个任务后休息 3 分钟进入下一个任务。实验完成后被试获得小礼物回馈。

实验过程：E-prime 编程。声母一致性判断任务中的刺激呈现程序：

"+"（1200ms）——空字成语（500ms）——声母（按键反应后消失，F为肯定判断，J为否定判断或者2000ms消失，记为错误反应）——空屏（800ms）。每个成语重复4次，正确配对声母和干扰声母各半，共120次判断。韵母一致性判断任务中的刺激呈现程序："+"（1200ms）——空字成语（500ms）——韵母（反应后消失，F为肯定判断，J为否定判断或者2000ms消失）——空屏（800ms）。成语重复4次，正确配对韵母和干扰刺激各半，共120次判断。核心实验程序流程如下图5-11示例：

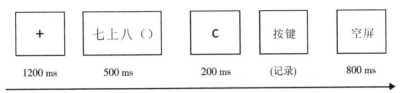

图5-11 核心实验程序流程图

数据处理采用SPSS19.0进行重复测量的方差分析，分析拼音输入经验和不同判断任务的主效应，着重分析拼音输入经验与不同判断任务间的交互作用。

二、研究结果

分析前先对实验数据进行初步整理，在被试的反应序列中，将其反应时超过正负三个标准差的数据剔除再计算平均反应时；然后检查被试的判断正确率，不存在在不同音韵判断任务中正确率低于三个标准差的个案，因此保留53个有效个案。另有一个个案完成了声母判断任务，但未进行韵母判断任务，用序列均值代替该被试在韵母判断任务中的数值。

（一）拼音输入经验对音韵一致性判断正确率的影响

高低组被试不同音韵判断任务正确率的平均数和标准差见表5-9。

表5-9 拼音输入经验高低组不同判断任务的正确率（M, SD）

	声母肯定判断	声母否定判断	韵母肯定判断	韵母否定判断
低组	0.78	0.71	0.76	0.69
（$n=27$）	(0.13)	(0.15)	(0.08)	(0.16)
高组	0.74	0.72	0.72	0.73
（$n=26$）	(0.15)	(0.14)	(0.14)	(0.13)

采用重复测量的方差分析，考察各自变量对判断正确率的作用。方差分析结果见表5-10。

表 5 – 10 音韵判断任务正确率的重复测量方差分析

	SS	df	MS	F	p	η_p^2	检验力
音韵	0.006	1	0.006	0.932	0.339	0.018	0.157
音韵×组别	0.002	1	0.002	0.314	0.557	0.006	0.085
误差（音韵）	0.352	51	0.007				
判断类型	0.071	1	0.071	4.973	0.030	0.089	0.590
判断类型×组别	0.067	1	0.067	4.665	0.036	0.084	0.563
误差（判断）	0.731	51	0.014				
音韵×判断类型	0.003	1	0.003	0.456	0.503	0.009	0.102
音韵×判断类型×组别	0.007	1	0.007	1.118	0.295	0.021	0.180
误差(音韵×判断类型)	0.307	51	0.006				
组别	0.001	1	0.001	0.026	0.873	0.001	0.053
误差（被试间）	2.478	51	0.049				

由上表可见，判断类型的主效应显著，意味着被试对肯定判断的正确率高于否定判断，判读类型和被试组别的交互作用显著。对判断类型与组别的交互作用进行简单效应分析，见图 5 – 12。

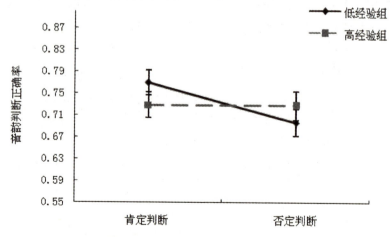

图 5 – 12 判断类型与组别在音韵判断正确率上的交互作用

简单效应检验表明，低经验组被试的肯定判断正确率显著高于否定判断，$F(1, 51) = 9.820$，$p = 0.003$，效应量 $\eta_p^2 = 0.161$；高经验组被试在肯定与否定判断间则不存在显著差异，$F(1, 51) = 0.002$，$p = 0.961$。

（二）拼音输入经验对音韵一致性判断反应时的影响

拼音输入经验高低组被试不同音韵判断任务正确率的平均数和标准差见下表 5 – 11。

表 5 – 11　拼音输入经验高低组不同判断任务的反应时 （M，SD）

	声母肯定判断	声母否定判断	韵母肯定判断	韵母否定判断
低组 （$n=27$）	866.84 （168.47）	951.55 （183.80）	904.70 （189.17）	965.21 （217.41）
高组 （$n=26$）	758.03 （119.64）	813.18 （117.84）	782.35 （125.70）	798.18 （118.98）

采用重复测量的方差分析，各自变量对音韵判断反应时的影响。方差分析结果见下表 5 – 12。

表 5 – 12　音韵判断反应时的重复测量方差分析

	SS	df	MS	F	p	η_p^2	检验力
音韵	12257.62	1	12257.62	0.935	0.338	0.018	0.158
音韵×组别	5897.45	1	5897.45	0.450	0.505	0.009	0.101
误差（音韵）	668564.92	51	13109.12				
判断类型	154787.74	1	154787.74	44.827	0.000	0.468	1.000
判断类型×组别	18242.94	1	18242.94	5.283	0.026	0.094	0.616
误差（判断类型）	176103.44	51	3453.01				
音韵×判断类型	13366.60	1	13366.60	8.762	0.005	0.147	0.827
音韵×判断类型×组别	756.02	1	756.02	0.496	0.485	0.010	0.106
误差（音韵×判断类型）	77805.10	51	1525.59				
组别	953300.48	1	953300.48	11.288	0.001	0.181	0.909
误差（被试间）	4307006.50	51	84451.11				

方差分析结果表明：判断类型与组别的主效应显著，意味着肯定判断反应时短于否定判断，高经验组短于低经验组。判断类型与组别交互作用显著，音韵与判断类型的交互作用也显著。判断类型与组别在音韵判断反应时上的交互作用图见图 5 – 13。

简单效应检验结果发现：高经验组被试肯定判断快于否定判断，F （1，51） =9.487，p =0.003，η_p^2 =0.157；低组被试肯定判断也快于否定判断，$F_{(1, 51)} = 41.222$，$p < 0.001$，$\eta_p^2 = 0.447$，但从效应量可以看出，低组被试的两种判断之间的差异更大，更易受判断类型的影响。

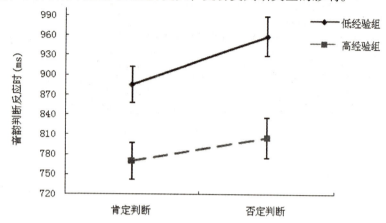

图 5 – 13　判断类型与组别在音韵判断任务反应时上的交互作用

音韵与判断类型在音韵判断任务反应时上的交互作用见图 5 – 14。简单效应检验结果发现：声母和韵母的否定判断反应时不存在显著差异，$F_{(1, 51)} = 0.002$，$p = 0.968$，但肯定判断反应时差异达到边缘显著，$F_{(1, 51)} = 3.465$，$p = 0.068$，声母肯定判断反应时低于韵母肯定判断，效应量为 $\eta_p^2 = 0.064$。

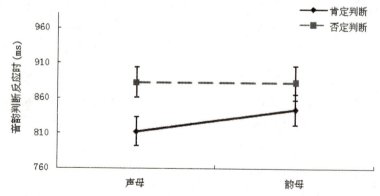

图 5 – 14　判断类型与音韵在音韵判断任务反应时上的交互作用

三、分析和讨论

由于目前比较常用的拼音输入法，都广泛存在智能输入的形式，如只要输入词汇的声母，可能就会出现相应的汉字，因此，拼音输入经验高的个体，可能对声母更为敏感。另外，由于前人研究中还存在声母和韵母是否按先后顺序加工的问题，因此在研究中纳入了肯定和否定判断作为分析的影响因素之一。本研究在上一研究的基础上，进一步探讨了拼音输入经验不同被试在空字成语启动条件下，对声母和韵母判断的正确率与反应时差异。结合对高低拼音输入经验组被试对声母和韵母一致性判断的正确率和反应时分析结果发现：被试肯定判断正确率与反应时优于否定判断（$p = 0.030$，$p < 0.001$），且高拼音输入经验被试的肯定与否定判断反应时之间的差异（$\eta_p^2 = 0.157$）比低经验组被试要小（$\eta_p^2 = 0.447$）；被试对声韵母判断的正确率无显著差异，但对声母的肯定判断反应时低于韵母（$p = 0.068$），否定判断无明显差异；高经验组被试的判断反应时显著低于低经验组的被试（$p = 0.001$），二者判断正确率无显著差异；高经验组被试肯定与否定判断正确率无差异，低经验组肯定判断正确率显著高于否定判断（$p = 0.003$）。总之，高拼音输入经验组被试对音韵判断的表现要优于低经验组的被试，且并未发现高低经验组被试在声母和韵母判断上的差异。

朱朝霞等人（2009）的研究发现，拼音输入法经验对汉字的声母和韵母加工的反应时均具促进作用[①]，本研究结果也发现高拼音输入经验的被试与低经验组被试相比，虽然在判断正确率上不存在显著差异，但其反应时更短。朱朝霞等人的研究是以字形启动，搜索该字是否包含特定的声母或韵母为任务，本研究则是以成语空字启动，被试判断声母或韵母是否被包含于该空缺字的发音为任务，都发现了拼音输入经验对音韵加工的促进作用。无论是字形启动还是成语空缺字启动，材料的呈现时间均为 $500ms$，足以激活需要判断的字音[②]，拼音输入经验高的被试由于输入字音的字母更为熟练，因而从音节到声母和韵母的搜索更具有优势。

本研究虽并未发现音韵（声母和韵母）的主效应，但发现在音韵和判断类型之间存在交互作用，即被试虽然对声母和韵母的总体反应虽然相当，但对声母的肯定判断要较快于韵母的肯定判断，声韵母的否定判断则无差异。张清芳等人的一系列研究结果表明，"音节"或"音节+声调"是汉字音韵编码的单元，而不是单独的声母或者韵母[③]。按照该发现，言语产生中字音（音节）的激活是整体的，因而不应该存在声母在先，韵母在后的问

① 朱朝霞，刘丽，丁国盛，彭聃龄. 拼音输入法经验对汉字字形和语音加工的影响［J］. 心理学报，2009（9）：785 - 792.

② 张清芳，杨玉芳. 汉语词汇产生中语义、字形和音韵激活的时间进程［J］. 心理学报，2004（1）：1 - 8.

③ 张清芳. 汉语单音节和双音节词汇产生中的音韵编码过程：内隐启动范式研究［J］. 心理学报，2008（3）：253 - 262.

题。但印丛等（2008）则通过掩蔽启动范式发现，汉字语音最小的编码单位是音位，按从左至右的顺序加工，即声母在前，韵母在后①；朱朝霞等的研究发现被试声母的搜索时间要短于对韵母的搜索时间，且错误率要低于韵母，两者研究结果一致。相对而言，本研究发现的声母肯定判断快于韵母肯定判断的结果，意味着声母比韵母更快被启动，倾向于支持音位序列加工的观点。由于各研究者采取的实验任务不同，材料不同，从而得出不一致的结果，关于汉语言语产生中字音的编码及加工序列问题，还需要进一步的探讨。

本研究也未发现拼音输入经验与音韵间的交互作用，这点和朱朝霞等的研究结果一致。意即高拼音输入经验被试对声母和韵母的判断都要优于低经验被试，并不是在声母判断上更优，这和拼音输入的过程有关。虽然拼音输入法存在智能的形式，但个体在敲入声母之前必然已经明了字音即整个音节，而并不是仅仅激活声母。

综上，本研究所得结论如下：（1）拼音输入经验对音韵判断存在积极影响，高经验组被试的判断优于低经验组。（2）音韵类型对判断没有显著影响，被试对声母和韵母的判断表现几乎相当。（3）拼音输入经验高者，音韵判断正确率相当，而低经验组肯定判断正确率要高于否定判断。（4）拼音输入经验高者，音韵肯定判断更快；被试对声母的肯定判断略快于韵母，否定判断相当。

本章小结

本章采用三个实验考察了拼音输入经验在汉语字词产生中的作用。第一个实验以 75 个小学六年级学生为被试，主要比较了拼音输入练习字词与手写练习字词两种方式在促进字形回忆提取与字词再认选择上的效果差异；第二个实验以 55 名高一年级学生为被试，主要比较了高低拼音输入经验组在义-形和义-音一致性判断上的表现差异；第三个实验同样以高一年级的53 名学生为被试，主要比较了高低拼音输入经验组在从义到音韵的声母和韵母一致性判断上的判断表现。研究结果发现：

---

① 印丛，王娟，张积家. 汉语言语产生中语音、字形启动的位置效应［J］. 心理学报，2011
(9)：1002－1012.

第一，手写练习与拼音输入练习字词都具有促进字词字形回忆提取书写的效果，但对未掌握字词的练习，手写练习的积极效果明显优于拼音输入；对已掌握的字词，手写复习与拼音输入复习的效果几乎相当。另外，手写练习与拼音输入在促进字形保持方面的效果相当。研究者分析认为，由于两种练习方式在再认选择（即选择题）上的表现相当，意味着拼音输入并未损害心理词典中的正字法代码（即字形保持），但手写练习方式在字形回忆提取（即填空题）上明显优于拼音输入练习，意味着拼音输入不利于正字法代码向书写动作程序的转化，所谓"提笔忘字"现象可能与此机制有关。

第二，拼音输入经验不影响义–形一致性判断，但对义–音一致性判断存在显著影响，高拼音输入经验组被试义–音一致性判断表现明显优于低经验组被试。研究者分析认为，由于手写和拼音输入都具有促进字形保持的作用，且实验材料均为高频字，因而无论拼音经验高低，在对字形进行判断的情况下，二者的表现应该相当，意味着常用高频字的义–形联结不会受到拼音输入经验的影响。对于义–音一致性判断而言，由于拼音输入经验高的被试，输入字词的拼音字母更多，因而对实验材料视觉呈现的拼音字母更为熟悉，所以在判断中出现优于低经验组被试的现象，意即这种效应可能是实验材料呈现方式造成的，并不一定能严格说明拼音输入经验能促进义音的联结强度。

第三，拼音输入经验影响从字义到字音的声母和韵母一致性判断，高拼音输入经验组被试的表现明显优于低经验组被试。研究者分析认为，高经验组被试对声母和韵母的判断均优于低经验组，是因为前者拼音输入字母更多，即使是采用双拼等智能输入法，被试也必须先明了汉字的整个音节。但该效应如同上述第二个实验一样，也有可能是实验材料以视觉方式呈现所造成的，并不能严格说明拼音输入经验促进了音韵判断。

第六章
网络语言使用与汉语字词认知

　　网络语言是数字化语言经验中的特殊内容。本章的目的是在第四章研究的基础上进一步探讨网络语言经验对字词语义判断的影响，即考察网络词汇的传统义和网络义之间是否存在语义竞争，以及这种竞争是否受网络语言经验的影响。两个实验研究均采用语义相关性判断范式，第一个实验考察不同网络语言经验者对网络词汇的传统语义相关性判断，第二个实验在其基础上还考察了网络词汇的网络语义相关性判断，结合二者结果探讨了网络语言经验对网络词汇的传统语义及网络语义加工的促进作用。

第一节　网络语言经验对网络词汇传统语义判断的影响

　　国外研究认为英文标准语言和网络语言的关系类似母语和第二语言的关系，英文网络语言经验有助于标准英语的认知。由于汉语网络语言存在和英文网络语言不一样的形式，后者多是标准英语的缩略语，而前者则多为语义延伸词和新造词语，所以网络语言经验丰富的个体，很可能对兼具传统语义和网络语义的词汇判断要优于网络语言经验少的个体，因此本节的目的是考察该推论的正确性。本研究的假设是，网络语言经验高低者对网络语词传统语义相关性判断反应时和正确率存在显著差异，经验高者相比经验低者传统语义相关性判断更快，错误率更低。

一、研究过程和方法

（一）研究方法

　　本研究采用2×2二因素混合实验设计。自变量为网络语言经验（被试间因素：高、低）和语义词相关类型（被试内因素：传统语义相关词、网络语义相关词）。因变量为正确率和正确判断的反应时。

实验样本为湖南科技大学一年级学生 98 人，视力正常。实验前采用网络语言经验问卷对被试进行筛选，按网络语言经验得分从低到高排序，从低高两端各取低经验组大学生 29 人（3.217 ± 0.335），高经验组大学生 31 人（4.971 ± 0.372），经检验发现两组学生在网络语言经验上存在极其显著的差异（$t = -19.159$，$p < 0.001$）。

研究中筛选出常用网络词汇 30 个（其中包括 6 个谐音词，如童鞋等；24 个语义延伸词，如潜水等）。这些词既具有网络语义也具有传统语义，如"沙发"，同时为这些词匹配网络语义相关词（如"第一"）和传统语义相关词（如"椅子"）。这些网络词汇约有一半（12）在传统汉语中的频率排序分布在 593～11125 之间，平均为 4533（每 2000 万字出现次数在 67 次以上，教育部语料库在线网站，词语频率表），另一半（18）均在 14629 之后（每 2000 万字出现次数在 50 次以下，未被收录入该词语频序表）。字词的语义相关性在实验前均经过另外 49 名大学生的一致性评定，即在一个 7 点量表上评定每个词汇与其后跟随的传统语义相关词及网络语义相关词的关联程度。49 个大学生评定这些网络词汇与其传统语义词的关联程度均分在 4.43～6.61 之间，肯德尔和谐系数 Kendall's $W = 0.266$（$\chi^2 = 370.82$，$df = 29$，$p < 0.001$），与网络语义相关词的关联程度均分在 4.44～6.61 之间，Kendall's $W = 0.351$（$\chi^2 = 437.18$，$df = 29$，$p < 0.001$），均具有显著的一致性。且被评定网络词汇与网络语义相关词的关联程度得分，和其与传统语义相关词的关联程度得分之间不存在显著的差异（$t = 0.203$，$SE = 0.18$，$p = 0.840$）。由此可认为，不论网络语义相关词，还是传统语义相关词，二者与实验所提供网络词汇刺激材料间的语义关联程度或距离相当。

（二）实验程序

分为两个阶段。第一阶段，提供 6 个类似的词对，让被试练习以了解实验过程，练习阶段提供按键正误的反馈；第二阶段，正式实验阶段，被试完成传统语义相关性判断任务。实验大约 15 分钟，实验完成后被试获得小礼物回馈。

实验过程：E-prime 编程。指导语［实验首先在屏幕上出现一个红色"＋"注视点，提醒你集中注意。然后会呈现一个中文词汇，这个词汇既有传统语义，也有网络语义。跟随在这个词汇后面，会出现另一个词汇，你需要判断这两个词汇在传统意义上是否存在关联（如青蛙－蛤蟆，即有关联，如青蛙－丑男则无关联）。如果二者存在关联，请按 F 键；如果没有关联，请按 J 键。词汇呈现的时间很短，请你集中注意，又快又准地做出判断。明白上述指导语后，请你坐好，将双手放在键盘上，把左手食指放在 F 键上，右手食指放在 J 键上，实验要求你使用这两个键回答问题。请记住，两个词汇在传统意义上存在关联，就按 F 键；否则就按 J 键。准备好后，请按 Q 键开始练习，然后进入正式实验。]——"＋"（1200ms）——网络词（500ms）——语义相关词（反应后消失，F 为肯定判断，J 为否定判断或者 2000ms 消失）——空屏（800ms）。其中 30 个网络词，每个网络词随机呈现 4 次，分别匹配传统语义相关词、网络语义相关词，共计 120 次反应。记录反应时和错误率。实验核心程序见下图 6－1：

图 6－1　实验核心程序流程图

　　数据采用 SPSS19.0 进行重复测量的方差分析，分析网络语言经验和语义相关类型的主效应，着重分析二者间的交互作用。

二、研究结果

　　分析前先对实验数据进行初步整理。首先，将所有被试在整个反应序列中反应时超出正负三个标准差的数据删除，然后再求取每个被试的反应时平均值；其次，检查反应正确率，将正确率低于负三个标准差的个案删除，结果共保留 55 个有效被试，其中网语经验低组 28 人，高组 27 人。

（一）网络语言经验对传统语义相关词判断正确率的影响

　　网络语言经验高低组被试不同语义相关判断任务正确率的平均数和标准差见表 6－1。

表 6－1　网络语言经验高低组不同判断任务的正确率（M, SD）

	传统词义相关（肯定）	网络词义相关（否定）
低组	0.80	0.77
($n = 28$)	(0.11)	(0.16)
高组	0.85	0.85
($n = 27$)	(0.08)	(0.15)

　　以重复测量方差分析，探讨网络语言经验和相关类型对网络－传统语义相关性判断的影响。方差分析结果见表 6－2。

表 6 - 2　网络 - 传统语义相关判断正确率的重复测量方差分析

	SS	df	MS	F	p	η_p^2	检验力
相关类型	0.007	1	0.007	0.719	0.400	0.013	0.132
相关类型 × 组别	0.001	1	0.001	0.150	0.700	0.003	0.067
误差（相关类型）	0.499	53	0.009				
组别	0.110	1	0.110	4.632	0.036	0.080	0.561
误差（被试间）	1.263	53	0.024				

方差分析结果表明，组别的主效应显著，相关类型主效应及其和组别的交互作用不显著，高经验组的两种判断正确率均高于低经验组。组别的主效应图示见图 6 - 2：

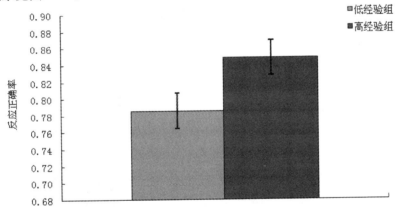

图 6 - 2　网络语言经验高低组被试在网络词汇传统语义相关词判断任务中的正确率

（二）网络语言经验对传统语义相关词判断反应时的影响

网络语言高低组被试不同语义相关判断任务反应时的平均数和标准差见表 6 - 3。

表 6 - 3　网络语言经验高低组网络词汇语义判断反应时（M，SD）

	传统词义相关（肯定）	网络词义相关（否定）	平均反应时
低组 （n = 28）	829.71 (101.64)	879.42 (134.24)	854.57 (112.44)
高组 （n = 27）	760.20 (117.21)	813.44 (136.63)	786.82 (122.15)

以重复测量方差分析，探讨网络语言经验和相关类型对网络—传统语义相关性判断的影响。方差分析结果见表 6 - 4。

表6-4　网络词汇语义相关判断反应时的重复测量方差分析

	SS	df	MS	F	p	η_p^2	检验力
相关类型	72836.58	1	72836.58	30.209	0.000	0.363	1.000
相关类型×组别	85.144	1	85.144	0.035	0.852	0.001	0.054
误差（相关类型）	127788.59	53	2411.07				
组别	126171.663	1	126171.663	4.518	0.038	0.079	0.551
误差（被试间）	1480175.400	53	27927.838				

　　方差分析结果表明，相关类型的主效应显著，组别的主效应显著，高经验组的判断反应时短于低经验组，肯定判断反应时短于否定判断，相关类型和组别的交互作用不显著。效应图见图6-3：

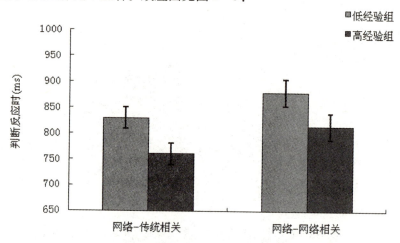

图6-3　不同组别被试在网络词汇语义相关判断上的反应时

三、分析和讨论

　　研究结果发现，网络语言经验高组被试对传统语义相关词的判断正确率显著高于低组被试（$p = 0.036$），而且高组被试在两种判断任务上的反应时也显著低于经验低组被试（$p = 0.038$）。特别是否定判断的正确率和反应时，不但未受到网络语义相关词的干扰，反而同样优于低网络语言经验组的被试。从判断类型看，肯定和否定判断的正确率不存在显著差异，但肯定判断的反应时要快于否定判断（$p < 0.001$）。

　　国外有研究者采用持续注意反应任务（sustained attention to response task SART），即对无关词做按键反应，对目标词则做抑制反应，考察了网络语言经验与网络词汇（text-speak）及传统词汇加工的关系，发现自我报告使用网络语言频率与网络词汇的SART任务中的错误率呈正相关，与反应时呈负相关，而在传统词汇的 SART 任务中则不存在这种关系①。意味着不同网络语言经验的被试在传统词汇的加工上不存在差异，但在网络词汇的加工上高经验者反应更快，错误率更高，出现 trade-off，即反应代价现象。由于该研究中的英语网络词汇是传统词汇的缩略形式，如 text-txt，相比传统词汇而言，需要付出更多的认知资源②，经常使用网络语言的个体其激活加工该类词汇的速度就会更快，至于错误率高，则是快速反应的代价。

本研究原本的假设是，网络语言经验高的个体，由于在网络上使用网络语言更频繁，网络词汇的网络意义会得到加强，因而在涉及网络词汇的传统意义判断时可能会受到其网络意义的干扰，导致其判断指标可能低于那些低网络语言经验的被试。但是，从研究结果来看，本研究假设并未得到证实，反而支持了相反的假设，即高网络语言经验组的被试对网络词汇的意义，包括其传统意义和网络意义更为熟悉，因而在被强调需要针对其传统意义做肯定或否定判断时，其表现更为优异。反之，低网络语言经验的被试，虽然也了解材料所提供的网络词汇的传统意义与网络意义，但其熟悉度相对更低，当需要针对其传统意义做出快速肯定或否定判断时，其劣势便显示出来。这与上述国外研究结果并不一致。其原因之一可能是与中文网络词汇的特点有关，英文网络词汇多是缩略词，与传统词汇仅仅是形式上的差异，其词义并没有实质变化，而本研究中的网络词汇在网络上和传统中文中分别代表不同的意义。原因之二是可能与实验任务本身有关，本研究是语义相关性判断任务，涉及语义加工层面，而上述国外研究采用的是目标词探测任务，仅仅涉及字形加工层面。

网络词汇的网络语义对传统语义的判断是否形成竞争关系呢？高网络语言经验组被试的反应指标尤其能说明问题。从肯定判断和否定判断正确率的结果看，两者无显著差异，意味着被试正确肯定其传统语义与正确拒绝其网络语义的表现相当。如果网络语义在判断中自动激活并加入竞争，则肯定判断反应时不应低于其否定判断反应时，但结果发现肯定判断反应时显著低于否定判断。说明被试在有针对性地对网络词汇进行传统语义判断时，网络语义的竞争并不明显。

总之，本研究结果说明网络语言经验有利于网络词汇的传统语义加工，

---

① Head, J., Russell, P. N., Dorahy, M. J., et al. Text-speak processing and the sustained attention to response task [J]. Experimental brain research, 2012 (1): 103 – 111.

② Head, J., Neumann, E., Russell, P., et al. New Zealand text-speak word norms and masked priming effects [J]. New Zealand Journal of Psychology, 2013 (2): 5 – 16.

且在有意的情况下，网络词汇的网络语义参与传统语义的竞争并不明显。为进一步探讨高网络语言经验被试判断网络语义相关词是否优于低网络语言经验被试对网络语义相关词的判断，下一实验将在本研究的基础上纳入特别针对网络语义相关词的判断任务。综上，本研究认为，网络语言经验对网络词汇的传统语义加工有积极影响，高经验者判断正确率高于低经验者，反应时短于低经验者。

第二节　网络语言经验对网络词汇网络语义判断的影响

本节的目的是在上一节研究的基础上，继续探讨网络语言经验对网络词汇网络语义判断的影响，重点是比较网络语言经验丰富者对网络语义的判断，与网络语言经验低者对传统语义的判断之间是否存在显著差异。本研究的假设是网络语言经验对语词的传统语义与网络语义加工均存在积极影响，无论是传统语义相关判断还是网络语义相关判断，高经验者相比低经验者的判断反应时更快，错误率更低。

一、研究过程和方法

（一）研究方法

采用 $2 \times 2 \times 2$ 三因素混合实验设计。自变量为网络语言经验（被试间因素：高、低），判断任务（被试间因素：传统语义相关、网络语义相关），判断类型（被试内因素：肯定判断、否定判断）。因变量为正确判断的反应时和正确率。

针对传统语义相关词的判断采用子研究 6 的被试及数据，该组被试共 55 人。针对网络语义相关词的判断，被试是湖南科技大学二年级学生 79 人，视力正常。实验前采用网络语言经验问卷对被试进行筛选，按网络语言经验得分从低到高排序，从低高两端各取低经验组大学生 25 人（ 3.375 ± 0.303 ），高经验组大学生 25 人（ 5.037 ± 0.439 ），经检验发现两组学生在网络语言经验上存在极其显著的差异（ $t = -15.584$, $p < 0.001$ ），共 50 人。

本研究的实验材料同上节研究。

（二）实验程序

分为两个阶段。第一阶段，提供 6 对类似的词对，让被试练习以了解实验过程，练习阶段提供按键正误的反馈；第二阶段，正式实验阶段，被试完成网络语义相关性判断任务。

实验过程：E-prime 编程。指导语［实验首先在屏幕上出现一个红色

"+"注视点，提醒你集中注意。然后会呈现一个中文词汇，这个词汇既有传统语义，也有网络语义。跟随在这个词汇后面，会出现另一个词汇，你需要判断这两个词汇在网络上的意义是否存在关联（如青蛙－蛤蟆，即没有关联，如青蛙－丑男，则有关联）。如果二者存在关联，请按 F 键；如果没有关联，请按 J 键。词汇呈现的时间很短，请你集中注意，又快又准地做出判断。明白上述指导语后，请你坐好，将双手放在键盘上，把左手食指放在 F 键上，右手食指放在 J 键上，实验要求你使用这两个键回答问题。请记住，两个词汇在网络上意义存在关联，就按 F 键；否则就按 J 键。准备好后，请按 Q 键开始练习，然后进入正式实验。]——"+"（1200ms）——网络词（500ms）——语义相关词（反应后消失，F 为肯定判断，J 为否定判断或者2000ms消失）——空屏（800ms）。其中30个网络词，每个网络词随机呈现4次，分别匹配传统语义相关词、网络语义相关词，共计120次反应。记录反应时和错误率。实验核心程序同子研究6。

数据处理采用 SPSS19.0 进行混合设计的方差分析，分析网络语言经验、任务及判断的主效应，着重分析三者间的两两交互作用。

二、研究结果

分析前先对网络语义判断相关组50个被试的实验数据进行初步整理。首先，将所有被试在整个反应序列中的正确反应时超出正负三个标准差的数据删除，然后再求取每个被试的反应时平均值；其次，检查反应正确率，未发现正确率低于负三个标准差的个案，因此保留50个有效个案，其中网络语言经验低组25人，高组25人。加上上一节研究中55个个案，共105个被试，其中低经验组共53人，高经验组52人。

（一）网络语言经验对语义相关词判断正确率的影响

网络语言经验高低组被试不同语义相关判断任务正确率的平均数和标准差见表6-5。

表6-5　网络语言经验高低组不同判断任务的正确率（M，SD）

	传统语义相关		n	网络语义相关		n
	肯定	否定		肯定	否定	
低组 （$n=53$）	0.80 (0.11)	0.77 (0.16)	28	0.87 (0.08)	0.92 (0.06)	25
高组 （$n=52$）	0.85 (0.08)	0.85 (0.15)	27	0.90 (0.05)	0.92 (0.04)	25

以重复测量方差分析，探讨网络语言经验和判断任务对网络词汇语义相关性判断的影响，方差分析结果见表6-6。方差分析结果显示，组别和判断任务的主效应显著，判断类型与判断任务的交互作用显著。判断类型与判断任务对正确率的交互作用图见图6-4。简单效应检验表明，在传统语义相关词判断任务中，肯定和否定判断正确率不存在显著差异，F（1，101）= 0.016，p = 0.300，而在网络语义相关词判断任务中，肯定判断正确率显著低于否定判断，F（1，101）= 4.783，p = 0.032，η_p^2 = 0.045。

表6-6　网络词汇语义相关判断正确率的重复测量方差分析

	SS	df	MS	F	p	η_p^2	检验力
判断类型	0.005	1	0.005	0.734	0.394	0.007	0.136
判断类型×组别	0.000	1	0.000	0.041	0.840	0.000	0.055
判断类型×判断任务	0.033	1	0.033	5.260	0.024	0.050	0.622
判断类型×组别×判断任务	0.005	1	0.005	0.739	0.392	0.007	0.136
误差（判断类型）	0.631	101	0.006				
组别	0.081	1	0.081	5.647	0.019	0.053	0.653
判断任务	0.349	1	0.349	24.389	0.000	0.195	0.998
组别×判断任务	0.030	1	0.030	2.213	0.148	0.021	0.303
误差（被试间）	1.446	101	0.014				

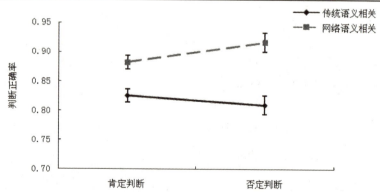

图6-4　判断类型与判断任务在判断正确率上的交互作用

（二）网络语言经验对语义相关词判断反应时的影响

网络语言经验高低组被试不同语义相关判断任务反应时的平均数和标准差见表6-7。

表 6 - 7 网络语言经验高低组不同判断任务的反应时（M，SD）

	传统语义相关		n	网络语义相关		n
	肯定	否定		肯定	否定	
低组 （$n = 53$）	829.71 （101.64）	879.42 （134.24）	28	633.24 （64.54）	644.13 （51.81）	25
高组 （$n = 52$）	760.20 （117.21）	813.44 （136.63）	27	586.88 （81.94）	611.68 （78.96）	25

以重复测量方差分析，探讨网络语言经验和判断任务对网络词汇语义相关性判断的影响。方差分析结果见表 6 - 8。

表 6 - 8 网络词汇语义相关判断反应时的重复测量方差分析

	SS	df	MS	F	p	η_p^2	检验力
判断类型	62904.33	1	62904.33	39.194	0.000	0.280	1.000
判断类型×组别	994.00	1	994.00	0.619	0.433	0.006	0.122
判断类型×判断任务	14810.45	1	14810.45	9.228	0.003	0.084	0.853
判断类型×组别×判断任务	353.131	1	353.131	0.220	0.640	0.002	0.075
误差（判断类型）	162099.65	101	1604.95				
组别	150327.79	1	150327.79	7.903	0.006	0.073	0.795
判断任务	2130930.68	1	2130930.68	112.03	0.000	0.526	1.000
组别×判断任务	10517.06	1	10517.06	0.553	0.459	0.005	0.114
误差（被试间）	1921065.54	101	19020.45				

方差分析结果显示：判断类型、组别和判断任务的主效应均显著。肯定判断反应时显著低于否定判断；低网语经验组被试反应时显著长于高网语经验组；传统语义相关判断显著长于网络语义相关判断。

判断类型和判断任务的交互作用显著，因而进一步对交互作用进行简单效应检验，交互作用图见图 6 - 5。结果表明，肯定判断与否定判断反应时在传统语义相关任务与网络语义相关任务上均存在显著差异，F（1，101）= 45.383，$p < 0.001$；F（1，101）= 4.958，$p = 0.028$。但前者的效应量（η_p^2 = 0.310）要大于后者（$\eta_p^2 = 0.047$），提示被试对网络语义相关词的判断更为稳定。

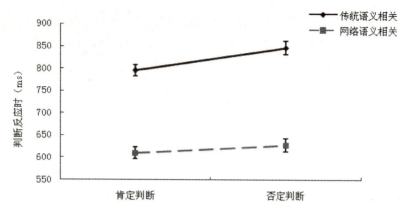

图6-5 判断类型与判断任务在判断反应时上的交互作用

三、分析和讨论

本研究在上一实验的基础上，进一步考察了网络语言经验高低组被试对网络词汇的网络语义相关词判断，希望比较高经验组被试与低经验组被试对网络语义和传统语义的判断之间的差异性。研究结果发现：网络语言经验高组被试判断正确率和反应时均显著优于低组被试（$p = 0.019$，$p = 0.006$）；网络语义相关判断任务的正确率和反应时均显著优于传统语义相关任务（$p < 0.001$）；被试的肯定与否定判断正确率不存在显著差异，但肯定判断反应时显著低于否定判断（$p < 0.001$）；在网络语义相关判断任务中，被试肯定判断正确率低于否定判断（$p = 0.032$），反应时低于否定判断（$p = 0.028$）；在传统语义相关判断任务中，被试肯定判断与否定判断正确率无显著差异，但肯定判断反应时显著低于否定判断（$p < 0.001$，$\eta_p^2 = 0.310$），且差异要大于二者在网络语义相关判断中的反应时差异（$\eta_p^2 = 0.047$）。研究同时并未发现组别与判断任务的交互作用，意即网络语言经验高低组被试在判断任务上的变化方向是一致的。总之，无论是网络词汇的传统语义判断还是其网络语义判断，高经验组被试在语义相关判断任务中的表现优于低经验组被试。所有大学生被试在网络语义相关判断任务中的表现都要优于传统语义相关判断任务。

国外有学者曾采用语义启动范式结合真假词判断任务，探讨了英语网络语言（缩写式，如 see you—c u）的语义启动效应，启动刺激呈现50ms，结果发现，传统短语启动和网络语言缩写式都具有对其语义相关词的启动效应①，

---

① Ganushchak, L. Y., Krott, A., Meyer, A. S. From gr8 to great: lexical access to SMS shortcuts [J]. Frontiers in psychology, 2012 (3): 150.

但后者的效应没有传统短语的效应大，意味着英语网络语言缩写式与传统短语具有类似的语义加工进程，但前者所需要的认知资源更多。也有相关研究发现英语真网络语言缩写式与假网络语言缩写式，其 ERP 成分在 50 ~ 270ms 之间无显著差异，但在 270 ~ 500ms 之间存在显著差异①。意味着在早期真缩写与假缩写式的正字法和语音加工是类似的，而在词汇通达的时间窗，真缩写式与假缩写式才产生差异。有人（2010）更进一步采用经典的语义不一致（incongruity）范式引发 ERP 中的 N400 成分，比较了标准英语和网络语言加工的时间进程，结果发现，在对网络语言和标准语言都很熟练的被试上，两种条件下都引发了类似的 N400 成分，但网络语言语义不一致的潜伏期延迟且扩展至 500 ~ 700ms，类似于母语和第二语言的加工差异②。总体来说，英语网络语言更像是一种新的语言形式。

汉语网络词汇形式更为多样。本研究中的网络语言材料与英语网络语言的主要区别是，前者是同一字形承载不同的语义，即一词多义；而后者则是不同的形式表达同一语义，一义多词。本研究中，高网络语言经验组被试对网络词汇的两种相关语义（传统的与网络的）判断，均显著优于低网络语言经验组被试，意味着随着对这些网络词汇的使用度和熟练度增加，使用者不但对这些词的网络语义更为熟悉，对其传统语义也更为熟悉，即形和多义之间的联结都更为紧密。本研究还发现，被试对词汇的网络语义判断整体表现要优于对其传统语义的判断。这意味着无论是网语经验高或低的大学生被试，对网语词汇的网络语义相对于其传统语义来讲更为熟悉，意即在被试的心理词典中，这些词汇的正字法与网络语义间的联结比其与传统语义间的联结更强。可能的解释是，虽然实验词汇中约有一半在现代汉语中属于高中频词汇，但对大学生而言，这些词汇的使用环境大多数仍然是在网络交互当中，因而被试对其网络相关语义的判断表现更为优异。

另外，本研究发现一个有趣的现象是：虽然被试肯定判断的反应时均低于否定判断的反应时，在传统语义相关词判断中的肯定和否定判断（即拒绝其网络语义相关词）正确率无显著差异，但在网络语义相关词判断中的肯定判断正确率低于否定判断（即拒绝其传统语义相关词）。由于实验是有

————————————

　　① Ganushchak, L. Y., Krott, A., Meyer, A. S. Electroencephalographic responses to SMS shortcuts [J]. Brain research, 2010（1348）：120 – 127.

　　② Berger, N. I., Coch, D. Do u txt? Event-related potentials to semantic anomalies in standard and texted English [J]. Brain and language, 2010（3）：135 – 148.

目的启动词汇的单一语义，从理论上讲，被试的肯定判断正确率应该不低于否定判断正确率，但在网络语义相关词判断中出现了 trade-off 现象，被试错误肯定多于错误否定。有两种可能的原因导致此现象，其一是被试易被首先激活词汇的网络语义，追求反应速度，习惯化反应导致；其二是两种语义之间存在一定的竞争，即使在明确进行网络语义相关判断的情况下，传统语义仍然被激活且进入词汇通达选择过程，导致被试选择错误。意即在有意识对网络词汇进行网络语义判断时，传统语义可能自动激活加入竞争。至于后一种原因是否完全成立，还需要进一步的实证研究证据。总体来说，汉语网络语言并非像英语网络语言一样类似一种新的语言形式，而是在传统汉语基础上的发展与延伸。对网络语言的掌握，可以丰富个体的语言知识，网络语言代表着语言的丰富性和创造性，不仅不会对个体的传统语文学习带来负面效果，反而具有积极的影响。

总之，本研究结果进一步表明，网络语言经验高的被试在网络词汇的语义加工上具有明显的优势，其不仅对网络词汇的网络语义加工更快更精确，对网络词汇传统语义的加工也是如此。本节所得结论如下：（1）网络语言经验对网络词汇的传统和网络语义加工均具有积极影响。高经验组的被试在两种语义相关词判断上均优于低经验组的被试。（2）具网络语言经验的被试，对网络词汇的网络语义更为敏感，其对网络语义相关词的判断优于对其传统语义相关词的判断。

本章小结

本研究采用两个实验，考察了网络语言经验对词汇的网络语义及传统语义相关性判断的影响。第一个实验以 60 名大学一年级学生为被试，比较了网络语言经验高低组大学生对网络词汇的传统语义相关判断的差异；第二个实验在前者基础上，以另外 50 名大学生为被试，进一步比较了网络语言经验高低组大学生在网络词汇的网络语义相关判断上的差异。研究结果表明：

第一，网络语言经验对网络词汇的两种语义加工均存在积极影响，高经验组被试对传统语义及网络语义的判断表现均优于低经验组被试；且所有被试对网络语义的判断均优于对传统语义的判断。研究者分析认为，这是由这些词汇的使用条件所造成的。实验中的词汇虽有其传统义，但这些词汇在网络中使用的频率更高，而正确使用的前提条件是需要明确其两种意义，因而网络语言经验高者相对于经验低者而言，对这些词汇的网络义和传统义更为熟悉。另外，被试多数情况下使用的是这些词汇的网络义，因此对网络义的判断表现强于传统义。本结果实际上还暗示着，个体在使用网络词汇的网络义的时候，传统义也得到加强，否则经验高组的传统义判断不会高于低经验组。

第二，在有意识对词汇的传统义或网络义进行判断的情况下，两种语义竞争的现象虽然不明显，但研究结果提示，在网络语义相关词判断中，词汇的传统语义可能参与了竞争。研究者分析认为，这些词汇虽在网络中使用频繁，但其基础仍然是传统语义，网络语义只是其在传统语义上的延伸。在对网络语义进行判断时，原有已经形成的传统语义联结会被自动激活，反之则不然。如果要严格论证两种语义在词汇启动的条件下是否产生竞争及激活时间先后顺序，还需要对高网络语言经验群体进一步采用启动时间更短的干涉条件下的语义判断研究。

第七章
研究的反思与展望

　　技术的利用与人类自身发展的关系一直以来都是多学科共同关注的主题。当代信息和通信技术（ICT）的发展与普及，已在悄然改变着人们工作生活的多个领域，尤其是在人际交流和互动方面，基于数字化设备和网络的信息输入、储存、传输和接收已成为人们信息交互的主要方式，且为青少年学生群体广泛使用。语言作为信息的主要表现形式之一，在数字化时代，其使用方式、形态也产生了一些重要的变化，如传统的手写变化为键盘或屏幕输入，口头语言与书面语言结合形成了网络语言。人们担心，蔓延至青少年群体中的这些语言运用的新变化，会给青少年对传统语言的掌握和运用带来负面的影响。这些负面影响可能有：其一，使用数字化设备书写字词由于改变了书写动作的反馈方式，可能带来对字形记忆的弱化，从而影响字词拼写的成绩表现，甚至导致"手写的死亡"；其二，中文键盘输入法尤其是拼音输入法，其书写过程实际上是由字母中介的，改变了传统书写的心理过程，有可能强化字词的义－音联结，弱化义－形联结，导致"提笔忘字"；其三，网络语言的频繁使用，可能强化了词汇的非正式形式和语义，弱化其传统形式和语义，导致个体标准汉语言的运用能力下降。

　　本书聚焦于上述三个问题，采用调查法和实验法，较为系统地探讨了青少年学生群体中的数字化语言经验对字词认知所造成的影响，对上述问题进行了初步回答。研究首先调查了1200多名初中至大学的青少年学生，探讨了各学龄段学生数字化书写经验、网络语言经验与字词拼写成绩间的关系；其次选用小学六年级和高中一年级学生作为被试，运用实验方法，比较了电脑键盘拼音输入与手写练习字词对字形回忆提取的影响，以及字词产生过程中，拼音输入经验对义－形、义－音、声韵母一致性判断的影响；最后以大学生为被试，考察了网络语言经验对网络词汇语义加工的影响，及网络语义和传统语义的可能竞争关系。

　　本研究的结果既为研究者所关心的，数字化时代语言文字应用带来的语言认知机制变化提供了实证研究证据，也是对传统语言认知心理研究在当代情境下所进行的有益拓展。

第一节　本书研究总的讨论

一、数字化语言经验与汉语字词拼写的关系

　　青少年学生群体较为典型的数字化语言经验：数字化书写活动与网络语言使用是否会影响到其对传统字词的掌握？本研究先从现象间的关系入手，具体为探讨数字化书写经验以及网络语言经验是否与字词拼写成绩间存在显著的相关关系。研究首先面临的问题是编制一份具有信效度的调查问卷。经过理论分析、项目收集、预调查以及信效度分析等过程，本研究获得了较具信效度保证的数字化书写经验问卷、网络语言经验问卷，以及难度和区分度较为合适的，适用于青少年学生的字词拼写测验。在接下来的正式研究中，研究者调查了湖南省内共计1200多名青少年学生被试，样本涵盖初中一年级到大学四年级学生，经统计分析发现：数字化书写经验与字词拼写成绩关系在不同学龄段中具有不同的表现。具体而言，初中生数字化书写负向预测拼字成绩，拼音输入熟练度正向预测字词拼写成绩；高中生数字化书写，拼音输入熟练度与字词拼写无显著关系；大学生数字化书写则通过拼音输入熟练度正向预测字词拼写成绩。网络语言经验则与字词拼写成绩没有显著的相关关系。

　　在被调查青少年群体中，有98%以上的使用拼音输入法进行中文数字化书写活动。因此青少年的数字化书写活动的过程一般包含两个阶段程序：键入拼音字母和选择适当的汉字。由此，数字化书写活动越多，对字词的拼音和字形应该越熟悉，字词拼写测验应当表现更好。但由于初中生还处在学习语文字词的发展期，其传统字词掌握程度并不高，且数字化书写活动比较单一，主要表现在日常的即时信息聊天，所使用的词汇比较有限，因此不仅对于传统字词掌握起不到应有的作用，使用过多反而影响传统字词的学习。而高中到大学阶段，学生正在进行或已经进行过大量的阅读和写作训练，传统字词掌握已达到较高程度，数字化书写活动也逐渐多样化，从而成为巩固

字词记忆的有益补充。

该部分的研究结果提示，在纳入拼音输入熟练度等的影响后，在字词学习的基础阶段，数字化书写活动可能给字词拼写带来负面影响，而在字词掌握已经达到一定水平的阶段，数字化书写则可能带来增益。这个研究结果，与国外近年来相关的 ICT 使用对学生读写能力的影响研究结果具有一定程度的一致性①。在初中和大学阶段，拼音输入熟练度对字词拼写成绩都有正向预测作用，提示拼音输入经验可能对字词掌握具有促进效果，甚至表现在字形的提取与产生方面。因此在进一步的研究中，我们采用实验法考察了拼音输入经验在字词产生中的作用。

该部分研究结果同时也发现网络语言与字词拼写无显著关系，提示网络语言似乎与传统中文字词是相对独立的，这与国外对英语网络语言有促进读写能力的作用等研究结果不一致。我们分析认为，英文网络语言的主要形式为传统英文的缩略语，主要是形式的变化，英文网络语言的熟练使用需以明了标准英语的发音及词形作为前提。而汉语网络语言则主要是传统汉语字词在网络环境中的意义变化，且关系研究中考察的字词并非是同时兼具网络语义的词汇，由此才出现网络语言经验与字词拼写似乎无关的结果。在进一步的实验研究中，我们特选取了兼具传统语义与网络语义的词汇，考察了网络语言经验对这些词汇两种语义的加工所带来的影响。

二、拼音输入经验与汉语字词产生

前述研究已经提示拼音输入经验可能对处于字词学习基础时期学生的字形记忆与提取带来有利影响。因此在此部分研究中，首先以小学六年级学生为被试，采用追踪实验方法，比较了拼音输入与手写练习两种方式对学生后续字词回忆与选择测验成绩的影响。主要研究结果发现：手写练习与拼音输入练习对字词的回忆提取都具有积极的影响；手写练习比拼音输入练习的积极效果更大，该差异主要体现在字形回忆提取上而不是字形再认选择上，且主要体现在前测未达标的组中，而不是前测已达标的组。该结果提示，拼音输入如同传统手写一样对字词学习具有促进效果，但其相对而言更具有局限性，尤其在对未掌握的字词进行学习时，拼音输入方式不及手写方式在字词回忆书写上的效果明显，这点与国外最近的研究，手写与计算机键盘输入学

---

① Johnson, G. M. Traditional Literacy Skills and Internet Use Among 8-to 12-Year-Old Children [J]. Reading Psychology, 2013 (5): 486 – 506.

习单词无显著差异的结果不一致①。研究者分析认为，汉字的书写相对拼音文字更为复杂，手写除能提供同样的视觉反馈外，更重要的是提供了书写动作轨迹及细节反馈，拼音输入则欠缺这一点，以致在后续的字形回忆书写中表现不佳。研究结果还提示，对已掌握的字词而言，使用拼音输入复习与使用手写复习，无论是在字形回忆还是再认选择上，均具有同等的效果，这点为"提笔忘字"现象提供了可能的解释，即已经掌握且会书写的字词，其遗忘不是由于使用了拼音输入，而是长期既没有使用拼音输入也没有使用手写，既导致字形记忆弱化，也导致书写动作程序衰退，从而无法回忆提取。而且结合拼音练习组与手写练习组在再认选择上的成绩相当来看，书写动作程序的衰退可能速度更快，然而字形记忆或正字法代码则弱化更慢，该推论需要进一步研究的支持。

上述研究也已经提示，对拼音输入和手写练习而言，在再认选择上无显著差异，说明拼音经验对有线索的字形提取似乎不存在影响。本研究于是接着采用语义启动下的义－形、义－音一致性判断范式，以高中一年级学生为被试，考察了拼音经验对字词产生中的义－音－形一致性判断的影响，结果发现：拼音输入经验对被试的义－形一致性判断没有影响，但拼音输入经验高的被试对义－音一致性判断的表现优于经验低的被试。该结果与前人部分相关研究结果具有一致性，且已发表于 *Journal of psycholinguistic research*②。在该研究结果的基础上，为进一步了解拼音输入经验对字音判断的影响体现在音韵的哪一个部分，继续探讨了拼音输入经验对音韵判断的影响。结果发现，高经验组被试在声母和韵母整体上的判断表现都要优于低经验组的被试，而不是假设中的高经验者对声母判断更优，低经验者对韵母判断更优，研究结果还提示被试对音韵的加工似乎是按从左至右的顺序进行的，声母先激活。该结果与前人相关结果也具有一定的一致性。研究者分析认为义－形一致性判断不受拼音经验的影响，可能是由于被试高频字的义－形联结足够强，拼音经验的介入不足以弱化其联结。而义－音一致性判断受影响，可能有两个原因，一是拼音经验确实加强了义－音联结，二是实验材料以视觉的方式呈现，而不是真正意义上的听觉通道呈现字音，因而更符合拼音输入的

① Ouellette, G., Tims, T. The write way to spell: printing vs. typing effects on orthographic learning [J]. Frontiers in psychology, 2014 (50): 1 - 11.

② Chen J, Luo R, Liu H. The Effect of Pinyin Input Experience on the Link Between Semantic and Phonology of Chinese Character in Digital Writing [J]. Journal of Psycholinguistic Research, 2016: 1 - 12.

习惯方式所造成。该推论也需要进一步的研究证据。

三、网络语言经验与汉语词汇语义加工

前述研究表明，网络语言经验与传统字词拼写成绩间不存在显著相关关系，提示二者似乎是相互独立的，但这与经验事实不太符合，因为汉语网络词汇除一部分是在网络环境中的新造词语之外，其他多是传统中文词汇的谐音表达、意义延伸。研究认为出现该结果是由于传统字词拼写测验所采用的字词，本身与网络词汇无关联所导致。因此在该部分研究中，采用了部分谐音词和语义延伸词，既具网络语义又具传统语义的词汇材料，以大学生为被试，探讨了网络语言经验对这些词汇网络语义加工及传统语义加工的影响。

结果发现，高经验组被试对网络词汇的传统语义与网络语义的加工均优于低经验组的被试。该结果与国外关于英语网络语言的研究结果并不一致，国外研究表明对标准英语的加工高低经验组被试无显著差异，但对网络语言的加工存在差异[①]。分析认为，这种差别是由英语网络语言和中文网络语言与各自标准语言的关系不同所造成的。英语网络语言多是在标准英语上的形式变异，比如缩略词、缩写式等，类似于一义多形，因此对英语网络语言加工的 ERP 研究表明其更像一种新的语言形式；而汉语网络语言一部分是新造词语，另一部分则是旧词赋予新义，其形态与标准中文几乎无不同，因而汉语网络语言更像是在传统中文基础上的扩展，既包括词汇增加，也包括意义延伸。由此，对网络词汇进行语义加工，网络语言经验高者具有优势，是因为其使用这些网络语言更频繁，而且使用其网络意义的前提是明了其传统语义，两种语义在使用中同时得到加强。

研究结果还提示，对网络词汇的传统语义加工中，其网络语义并未参与竞争，而对其网络语义的加工，其传统语义则似乎加入了竞争。这是因为，网络词汇的传统义在被试了解网络语言之前就已经具有强的联结，更进一步说明了中文网络语言是在传统中文上的扩展。但研究同时指出，该部分推论还需要更进一步的短时语义启动判断实验的研究证据。总之，本部分研究结果可以提示，网络语言代表着语言的丰富性和创造性，个体的网络语言经验本身不仅不会破坏其传统语文知识，反而对其有积极的效果。人们所担心的网络语言可能对传统词汇造成破坏或者影响正式场合的表达，并不成立，或许这种担心更多的是对来自于丰富网络语言经验背后的上网过度所产生的担忧。

---

① Head, J., Russell, P. N., Dorahy, M. J., et al. Text-speak processing and the sustained attention to response task [J]. Exper-imental brain research, 2012 (1): 103-111.

第二节　研究结论与展望

一、本研究所得主要结论

通过一系列的调查和实验研究，本研究所获得的主要结论如下：

（1）数字化书写经验与字词拼写成绩的关系，在不同年龄段的青少年学生群体中呈现不同的特点。初中阶段，学生的数字化书写经验负向预测其拼字成绩，但不能预测其拼词成绩；拼音输入熟练度对拼字成绩的负向预测起到缓冲作用，且能正向预测拼词成绩。高中阶段，学生的数字化书写经验，拼音输入经验则不能预测字词拼写成绩。大学阶段，数字化书写经验通过拼音输入熟练度间接正向预测字词拼写成绩。

（2）数字化书写活动越多，拼音输入越熟练。拼音输入法的使用有利于中文字词的学习。对未达到掌握程度的字词而言，可以加强字形的记忆，也有利于字形回忆提取，但手写练习字词回忆拼写的积极效果明显更好；对已达到掌握程度的字词而言，则可以保持字形的记忆，与手写复习后的再认选择及回忆拼写具有同等效果。

（3）在字词的产生过程中，拼音输入经验不影响已掌握字词的义－形之间的联结，高低拼音输入经验组在义－形一致性判断上的表现相当。拼音输入经验对字词的义－音联结具有积极影响，高拼音输入经验者对义－音一致性判断的表现更优。拼音输入经验还对字词的音韵判断具有积极影响，高拼音输入经验组被试对声母和韵母的判断均优于低经验组被试。

（4）网络语言经验与传统字词拼写成绩无显著相关关系。但对兼具网络语义和传统语义的词汇而言，网络语言经验对其语义判断具有积极的效果，高经验组个体对这些词汇的传统语义和网络语义的判断加工要优于低经验组个体。而且具网络语言经验的个体，对网络词汇网络语义的判断表现整体要优于对传统语义的判断。

二、本研究的不足与展望

总体而言，本研究虽然在实证探索和理论推论上获得一些较具价值的研究结果，但局限于各种主客观因素，研究依然存在许多有待改进或完善的地方，兹列举主要之处如下：

（1）青少年的数字化书写与字词拼写关系在不同学龄段有所不同，本研究推论认为主要原因有二：一是不同年龄段学生的数字化书写活动侧重点不同，二是不同年龄段学生处于字词掌握的不同水平。该推论还需要进一步的研究证据。由于数字化书写活动种类多样，如即时信息、博客、日志、短信、邮件、电脑作业等等，本研究虽然采取的是整合的思路，但不可否认的是，上述活动可能在语言运用上有各自的特点，且各年龄段学生可能侧重的活动也有所不同。所以，进一步的研究可以更为具体的分别考察各类数字化书写活动与传统字词学习的关系。

（2）关于拼音输入练习与手写练习字词书写对字形回忆提取书写和再认选择的积极效果，本研究虽然做出了比较。但由于实验过程的安排，实验对象均为具有书面语言经验的小学 6 年级儿童，不可避免的可能受到以往书面字词学习的影响。进一步的研究应该将对象延伸至未有书面语言经验的幼儿，如是，则可以为拼音输入所建立的正字法代码，及其和书写动作程序间的联结更容易弱化提供实证资料的支撑，可更为明确说明"提笔忘字"现象的心理机制。

（3）拼音输入经验对字词产生中的义－形联结是否存在影响还存在疑问。前述拼音输入练习可促进字形提取和回忆书写，提示拼音经验对义－形联结有积极作用，但义－形一致性判断研究结果却未发现影响。而在前人以低频字启动的字形判断任务中也发现了积极影响。提示我们，拼音输入经验对字形认知的影响，可能还要考虑对实验字词材料的掌握程度，进一步的义－形判断研究可以考虑纳入此因素。

（4）拼音输入经验对字词产生中的义－音联结、声韵母判断存在积极影响，虽然获得了与前人相关研究的一致结论。但依然存在疑惑的是，类似相关研究均采用的视觉呈现音节或声韵母的方式，高经验者的反应优势到底是由于义－音联结更强所导致的，还是由于这种材料呈现方式符合拼音输入的习惯化特征所导致的？进一步的研究可改变音节音韵材料的呈现通道即以听觉的方式呈现，可能更明确说明问题。

（5）网络语言经验与传统字词拼写成绩无明显关系，可能只局限于那些本身与网络语言无意义交叉或者发音类似的传统中文词。虽然本研究已经确认，对兼具网络语义与传统语义的词汇而言，高网络语言经验者的二种语义加工更占优势。但还需要进一步确定的是，二种语义之间是否存在明确的竞争关系，以及在网络词汇呈现后，两种语义的激活顺序如何。如果能确证传统语义激活在先，网络语义激活在后，则可为网络语言是传统中文的拓展这一研究推论提供确凿的证据支持。

附　录

附录1　数字化书写经验问卷（初测）

亲爱的同学：您好！

　　感谢您参加本次问卷调查。此次调查的目的是想了解各位使用各种媒介技术与他人进行交流的情况，以了解信息和通信技术对我们的影响。此问卷的调查和测验结果没有高下之分，只做科学研究之用，绝不会给您带来不好的影响。如果您愿意配合我们的调查，请仔细阅读下面每一部分问卷的说明及题项，并尽快认真地写出或选出您的答案。假如您明白上述话的意思，现在就请开始您的回答，谢谢！

第一部分：您的基本情况

　　1. 您的姓名：

　　2. 您的性别：A. 男　　　B. 女

　　3. 您来自于_____省_____市；您的家庭所在地：A. 城市　　B. 县镇　　C. 乡村

　　4. 您所就读的学校的名字是_____。

　　5. 您现在所就读的年级是_____。

　　6. 您拥有的，可自由独立支配的下列设备？（可多选，没有也可不选）

　　A. 台式电脑　　B. 手机　　　　C. 笔记本电脑　D. 平板电脑

　　7. 您与家人共享，不属于你自己随时自由使用的下列设备？（可多选，没有也可不选）

　　A. 台式电脑　　B. 手机　　　　C. 笔记本电脑　D. 平板电脑

8. 您的语文成绩水平。高中及以下同学选填（1）；大学同学选填（2）。

（1）您上次期末语文考试的成绩是_____ 分，此次语文考试的满分是_____ 分。

（2）您的高考语文成绩分数是_____ 分，此次语文考试的满分是_____分。

9. 如果对语文能力评价的满分是 10 分，您对自己的语文能力水平的评价是：

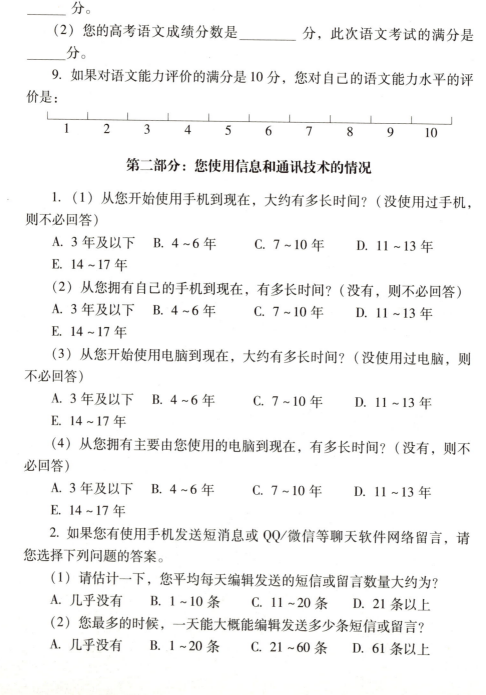

第二部分：您使用信息和通讯技术的情况

1. （1）从您开始使用手机到现在，大约有多长时间？（没使用过手机，则不必回答）

A. 3 年及以下　　B. 4～6 年　　　　C. 7～10 年　　　D. 11～13 年

E. 14～17 年

（2）从您拥有自己的手机到现在，有多长时间？（没有，则不必回答）

A. 3 年及以下　　B. 4～6 年　　　　C. 7～10 年　　　D. 11～13 年

E. 14～17 年

（3）从您开始使用电脑到现在，大约有多长时间？（没使用过电脑，则不必回答）

A. 3 年及以下　　B. 4～6 年　　　　C. 7～10 年　　　D. 11～13 年

E. 14～17 年

（4）从您拥有主要由您使用的电脑到现在，有多长时间？（没有，则不必回答）

A. 3 年及以下　　B. 4～6 年　　　　C. 7～10 年　　　D. 11～13 年

E. 14～17 年

2. 如果您有使用手机发送短消息或 QQ/微信等聊天软件网络留言，请您选择下列问题的答案。

（1）请估计一下，您平均每天编辑发送的短信或留言数量大约为？

A. 几乎没有　　B. 1～10 条　　　C. 11～20 条　　D. 21 条以上

（2）您最多的时候，一天能大概能编辑发送多少条短信或留言？

A. 几乎没有　　B. 1～20 条　　　C. 21～60 条　　D. 61 条以上

（3）如果让您评价自己日常使用手机发短信或者用聊天软件留言的情况，您认为自己：

A. 几乎不发短信或留言 　　　B. 偶尔会用

C. 比较常用 　　　D. 使用很频繁

3.（1）如果您有使用电脑书写作业，平均一个学期（包括假期），您大概共完成多少份电脑作业或任务？

A. 几乎没有　　B. 1~6 份　　C. 7~15 份　　D. 16 份以上

（2）如果让您评价自己使用电脑的文字处理软件，如 Word、WPS、PowerPoint 等的情况，您觉得自己：

A. 几乎不用　　B. 偶尔使用　　C. 比较常用　　D. 使用很频繁

4. 如果您有使用电脑发送电子邮件，那么平时您发送电子邮件的情况是？

A. 几乎不发　　B. 偶尔发　　　C. 比较常发　　D. 发送很频繁

5. 如果您有利用手机或电脑，使用 QQ/微信/陌陌等聊天软件和他人进行在线实时聊天，则请您选择下列问题的答案。

（1）请估计一下，您在学校时，使用 QQ/微信/陌陌等聊天平均每天大概有多少次？（一次是指您在线上进行的连续聊天，而不是仅仅留言，而且每两次之间明显的时间间隔在 10 分钟以上）

A. 几乎没有　　B. 1~7 次　　C. 8~14 次　　D. 16 次以上

（2）请估计一下，您在学校时，使用 QQ/微信/陌陌等聊天平均每次大概需要多长时间？（指您在实际聊天中所用的时间，而不是指您挂在线上的时间）

A. 几乎没有 　　　B. 1~10 分钟

C. 11 分钟~1 小时 　　　D. 1 小时以上

（3）周末或假期时，您使用陌陌/微信/QQ 等聊天平均每天大概有多少次？

A. 几乎没有　　B. 1~7 次　　C. 8~14 次　　D. 16 次以上

（4）周末或假期时，您使用陌陌/微信/QQ 等聊天平均每次大概需要多长时间？

A. 几乎没有　　B. 1 小时以内　　C. 1~3 小时　　D. 3 小时以上

（5）如果让您自己估计一下自己平时使用陌陌/微信/QQ 等聊天软件的频繁程度，你认为自己的情况是：

A. 很少使用　　B. 偶尔使用　　C. 较为常用　　D. 使用很频繁

6. 如果您有使用手机或电脑更新微博、说说、博客、空间日志等个人网络主页信息，请您回答下列问题。

（1）请估计一下，在学校时，您平均每天更新微博大概多少次？

  A. 几乎没有 B. 1~4 次 C. 5~10 次 D. 11 次以上

（2）周末或者假期时，您平均每天更新微博大概多少次？

  A. 几乎没有 B. 1~4 次 C. 5~10 次 D. 11 次以上

（3）请估计一下，大概每天，您使用手机或电脑进入除微博外的个人网络主页（指的是用来发表信息与他人交流共享的社交网站，比如 QQ 空间/说说、博客、人人网/朋友网等）更新说说、日志等信息，回复他人评论等大概有多少次？

  A. 几乎没有 B. 1~4 次 C. 5~10 次 D. 11 次以上

（4）如果让您评价自己进入个人网络主页更新日志、说说、微博、回复评论等活动的频繁程度，您会认为自己：

  A. 这些活动很少   B. 偶尔会进行

  C. 较为常见   D. 这些活动很频繁

7.（1）如果您有使用手机或电脑上网进行贴吧、论坛发帖或评论、网页评论（如新闻网页、产品网页等），那么请问您大概每周总共发帖或回复评论大概多少次（注意不是浏览，而是发帖)？

  A. 几乎没有 B. 1~7 次 C. 8~14 次 D. 15 次以上

（2）如果让您评价自己上网进行贴吧、论坛发帖或评论、网页评论等活动的频繁程度，您会认为自己：

  A. 这些活动很少   B. 偶尔会进行

  C. 较为常见   D. 这些活动很频繁

8. 您使用手机发短信以及上网活动中通常编写信息所最常用使用的输入方法是：

  A. 拼音输入 B. 笔画输入 C. 手写输入

9. 您使用电脑，最常使用的汉字输入方法是：

  A. 拼音输入法（如智能拼音、搜狗拼音、QQ 拼音等）

  B. 形码输入法（如五笔输入、纵横码输入、郑码输入等）

10. 如果将使用手机输入汉字的熟练程度和能力的评价满分定为 10 分，那么您对自己的评价为（请在相应的数字上打√）：

  1 2 3 4 5 6 7 8 9 10

11. 如果将使用电脑输入汉字的熟练程度和能力的评价满分定为 10 分，那么您对自己的评价为（请在相应的数字上打√）：

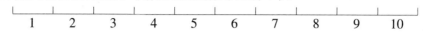

第三部分：您对网络语言的熟悉度和使用程度

1. 下列词汇是网络语言当中比较流行的词汇，请您根据自己对它们的熟悉程度在其后的数字上打√。

		完全没听过	听过但不知道明确的意思	知道意思但没用过	偶尔使用过	使用的情况一般（不太频繁）	经常使用（很频繁）
1	偶	①	②	③	④	⑤	⑥
2	表	①	②	③	④	⑤	⑥
3	囧	①	②	③	④	⑤	⑥
4	闪	①	②	③	④	⑤	⑥
5	3Q	①	②	③	④	⑤	⑥
6	high	①	②	③	④	⑤	⑥
7	（卖）萌	①	②	③	④	⑤	⑥
8	Hold 住	①	②	③	④	⑤	⑥
9	劈腿	①	②	③	④	⑤	⑥
10	弓虽	①	②	③	④	⑤	⑥
11	土豪	①	②	③	④	⑤	⑥
12	悲催	①	②	③	④	⑤	⑥
13	备胎	①	②	③	④	⑤	⑥
14	泪奔	①	②	③	④	⑤	⑥
15	赶脚	①	②	③	④	⑤	⑥
16	次奥	①	②	③	④	⑤	⑥
17	捉急	①	②	③	④	⑤	⑥
18	躺枪	①	②	③	④	⑤	⑥
19	菜鸟	①	②	③	④	⑤	⑥
20	围观	①	②	③	④	⑤	⑥

（续表）

		完全没听过	听过但不知道明确的意思	知道意思但没用过	偶尔使用过	使用的情况一般（不太频繁）	经常使用（很频繁）
21	酱紫	①	②	③	④	⑤	⑥
22	杯具	①	②	③	④	⑤	⑥
23	吃货	①	②	③	④	⑤	⑥
24	废柴	①	②	③	④	⑤	⑥
25	腹黑	①	②	③	④	⑤	⑥
26	河蟹	①	②	③	④	⑤	⑥
27	稀饭	①	②	③	④	⑤	⑥
28	坑爹	①	②	③	④	⑤	⑥
29	灰常	①	②	③	④	⑤	⑥
30	逆袭	①	②	③	④	⑤	⑥
31	脑残	①	②	③	④	⑤	⑥
32	秒杀	①	②	③	④	⑤	⑥
33	美眉	①	②	③	④	⑤	⑥
34	鸭梨	①	②	③	④	⑤	⑥
35	小白	①	②	③	④	⑤	⑥
36	萝莉	①	②	③	④	⑤	⑥
37	逆天	①	②	③	④	⑤	⑥
38	奇葩	①	②	③	④	⑤	⑥
39	小强	①	②	③	④	⑤	⑥
40	包子	①	②	③	④	⑤	⑥
41	碉堡	①	②	③	④	⑤	⑥
42	节奏	①	②	③	④	⑤	⑥
43	脑残粉	①	②	③	④	⑤	⑥
44	矮穷挫	①	②	③	④	⑤	⑥
45	女汉子	①	②	③	④	⑤	⑥

（续表）

		完全 没听过	听过但不 知道明确 的意思	知道意思 但没用过	偶尔 使用过	使用的情 况一般（不 太频繁）	经常使用 （很频繁）
46	打酱油	①	②	③	④	⑤	⑥
47	有木有	①	②	③	④	⑤	⑥
48	我(勒个)去	①	②	③	④	⑤	⑥
49	涨姿势	①	②	③	④	⑤	⑥
50	你懂的	①	②	③	④	⑤	⑥

2. 你平时上网的情况。（没上过网，则不用回答）

（1）你的网龄大概有多长？

A. 1 年以内　　　B. 1～3 年　　　C. 4～6 年　　　　D. 7～10 年

E. 11～13 年　　　F. 14～17 年

（2）如果让您评价自己平时上网活动（包括前述的各种活动）的频繁程度，您觉得自己？

A. 很少上网　　　　　　　　B. 偶尔上网

C. 上网情况一般　　　　　　D. 上网比较常见

E. 上网非常频繁

第四部分：字词拼写测验

该部分主要是检查一下您能不能正确地写出这些字词。再次强调一下，此问卷并不记名，不是考试，不会评价好坏，所以请您诚实地工整地填写，不要参考他人的，也不要查阅资料，不会写的字词请让它空着，谢谢您的配合。

1. 写字部分（该部分已经给出词语其中一个字，请写出另一个字）

jiàn yì ＿议	xiào guǒ ＿果	jiānkòng ＿控	jiè dài 借＿	tǒng jì ＿计
fú lǔ 俘＿	jié jiǎn 节＿	yīng gāi 应＿	duì cè 对＿	yòu huò 诱＿
ēn huì 恩＿	qiān míng ＿名	jì shù ＿术	dù jì ＿忌	pāi shè 拍＿
lǚ yóu ＿游	wěi yuán ＿员	tiǎo xìn 挑＿	gǔ lì 鼓＿	chà dào ＿道
shī gōng ＿工	lì yì 利＿	chéng xù ＿序	tè bié ＿别	zhàn dòu ＿斗
qián é 前＿	xiāoshòu ＿售	shěnglüè 省＿	jiè shào 介＿	hán guó ＿国

（续表）

zhuó zhuàng __壮	lā sà lā __	nüè dài __待	zhuāngshì 装__	zuòmèng 做__
chǎn pǐn 产__	yú lè __乐	tuǒ xié __协	bēn chí 奔__	fù yù __裕
kǎo lǜ 考__	qí zhì __帜	lián jié __洁	měi mào 美__	jiāo wài __外
lún dūn 伦__	nǎi lào 奶__	xíng huì 行__	bèi pàn 背__	shēngshū 生__
líng hún 灵__	tōu qiè 偷__	zhuī zhú 追__	là jiāo __椒	jiě pōu 解__
hé xié 和__	kè zhàn 客__	qiǎng jié 抢__	hé huā __花	cāochǎng __场
xiàn mù __慕	yào shi 钥__	gōng xǐ __喜	biǎo yǎn 表__	kuàng yě __野
rè qíng __情	xiá gǔ __谷	mián xù 棉__	pò zhàn 破__	fēng bì __闭
zāi hài __害	liè shǒu __手	zhù zhái 住__	zhì xī __息	guǐ jì __计
diāo xiè __谢	yù mèn __闷	shē qiàn __欠	ān wèi 安__	jǔ sàng __丧

2. 写词部分（该部分词语已标出拼音，请填出正确的词，以使句子意义完整）

（1）他是舍己救人的 yīng xióng（　　　　　　）。

（2）愿我们的 yǒu yì（　　　　　）地久天长。

（3）我一定会履行我的 chéng nuò（　　　　　　）。

（4）山西是产 méi tàn（　　　　　）的大省。

（5）他的基础知识比较 bó ruò（　　　　　）。

（6）这栋大楼，建了两年终于 jùn gōng（　　　　　）了。

（7）这个碗是 táo cí（　　　　）制的。

（8）他的脸上 yáng yì（　　　　　）着会心的笑容。

（9）这个城市是通往东西南北的交通 shū niǔ（　　　　　）。

（10）看他漫不经心的样子，好像在 fū yǎn（　　　　　）我。

（11）我们常常感到失去自由比物资 kuì fá（　　　　　）有更深的痛苦。

（12）他有事情 dān ge（　　　　　）了，可能要迟一点。

（13）qí qū（　　　　　）的山路一直弯弯曲曲通向山顶。

（14）我这个外出的游子经常会思念 cí xiáng（　　　　　）的母亲。

（15）这是一片 pín jí（　　　　　）的土地，几乎什么也不长。

（16）警察找到了凶器，那是一把 bǐ shǒu（　　　　　）。

（17）他们经常在一起 qiē cuō（　　　　　）武艺。

（18）他早餐喜欢吃一大碗 hún tun（　　　　　）。

（19）等他们赶到时，只发现一堆动物尸体的 cán hái（　　　　　）。

（20）他的面前有很多 chóu mǎ（　　　　　），看起来赢了不少。

（21）解放军 jié huò（　　　　　）了敌人的重要情报，有针对性地做出了布置。

（22）这份文件是 cǎo nǐ（　　　　　）的，还没有进行讨论修改。

（23）今天是商场开业打折的日子，购物的人们 fēng yōng（　　　　　）而来。

（24）他擅长水墨 dān qīng（　　　　　），是绘画大师。

（25）这个故事明显是 dù zhuàn（　　　　　）的，历史上没有这个人。

（26）他因为劳累而倒在工作岗位上，是因公 xùn zhí（　　　　　）。

（27）大风 guǒ xié（　　　　　）着雪花，扑面而来。

（28）他喜欢激烈运动，出一身大汗，让他感觉 hān chàng（　　　　　）淋漓。

（29）他的新房子客厅正对南边，白天的时候很 chǎng liàng（　　　　　）。

（30）他跟人说话喜欢 tái gàng（　　　　　），大家都不愿跟他聊天。

（31）我国古代有 hóng yàn（　　　　　）传书一说。

（32）春寒 liào qiào（　　　　　），还是要注意保暖。

（33）当演讲者表明他的观点后，全场 yǎ rán（　　　　　），一片寂静。

（34）身上绑着橡皮绳，从几十米的高度往下跳，bèng jí（　　　　　）是勇敢者的运动。

（35）听到别人对自己的议论，她感觉犹如 máng cì（　　　　　）在背。

（36）在这个世界有些贫穷的地方，人们依旧食不 guǒ fù（　　　　　），衣不遮体。

（37）他于雕刻一道已 jìn yín（　　　　　）数十年，终成大师。

（38）她穿一身迷彩服，显得英姿 sà shuǎng（　　　　　）。

（39）我们正是学习知识的黄金年纪，不能 xū hào（　　　　　）了青春。

（40）大师是出家人，饮食不沾 hūn xīng（　　　　　）。

（41）登上山顶向下看，盘山公路一直 wān yán（　　　　　）向下。

（42）雪下了一夜，山顶上全是 ái ái（　　　　　）白雪。

（43）我的女儿是上天 kuì zèng（　　　　　）给我的礼物。

（44）为保护我们的领海，应该派战舰去南海 xún yì（　　　　　　）。

（45）每到黄昏的时候，小镇上家家户户屋顶上就会升起 niǎo niǎo（
　　　　）炊烟。

（46）爬过这座土山，我们看到了一望 wú yín（　　　　　）的沙漠。

（47）初稿比较潦草，于是我又认真 téng xiě（　　　　　）了一遍。

（48）河边有个穿着 suō yī（　　　　　）的老翁在小雨中垂钓。

（49）不积 kuǐ bù（　　　　　），无以至千里。

（50）在这个 jìng mì（　　　　　）的夜晚，仿佛连天上的星星都睡着
了。

（51）这篇作文别具一格，不落 kē jiù（　　　　　）。

（52）被千古传诵的诗篇，总是 kuài zhì（　　　　　　）人口的。

（53）这块碧绿的 fěi cuì（　　　　）让人一见就爱不释手。

（54）经过几百里地的长途 bá shè（　　　　），他们终于到达了目的
地。

（55）他好像饿极了，那么大个的饺子就这样 hú lún（　　　　　　）吞
下去了。

（56）他这身打扮很滑稽，不禁让人 wǎn ěr（　　　　　）而笑。

（57）宝剑锋从 mó lì（　　　　）出，梅花香自苦寒来。

（58）他是我们这个团队的中流 dǐ zhù（　　　　　　）。

（59）今夜月光 jiǎo jié（　　　　　　），能清晰地照出人的影子。

（60）地震过后，这座城市几乎变成了一堆 fèi xū（　　　　　　）。

问卷到此完成，再次谢谢您的配合！

附录2 数字化语言经验问卷及字词拼写测验(正式问卷)

亲爱的同学:您好!

感谢您参加本次问卷调查。此次调查的目的是想了解各位使用各种媒介技术与他人进行交流的情况,以了解信息和通信技术对我们的影响。此问卷的调查和测验结果没有高下之分,只做科学研究之用,绝不会给您带来不好的影响。如果您愿意配合我们的调查,请仔细阅读下面每一部分问卷的说明及题项,并尽快认真地写出或选出您的答案。假如您明白上述话的意思,现在就请开始您的回答,谢谢!

第一部分:您的基本情况

1. 您的姓名:

2. 您的性别:A. 男　　B. 女

3. 您来自于_____省_____市;您的家庭所在地:A. 城市　　B. 县镇　C. 乡村

4. 您所就读的学校的名字是_____。

5. 您现在所就读的年级是_____。

6. 您的语文成绩水平(初中或者高中同学请填写)。

您最近一次期末语文考试的成绩是_____分,此次语文考试的满分是_____分。

7. 如果对语文能力评价的满分是10分,您对自己的语文能力水平的评价是(大学同学请在相应的数字上打√):

| 1 | 2 | 3 | 4 | 5 | 6 | 7 | 8 | 9 | 10 |

第二部分:您使用信息和通讯技术的情况(请在相应的答案上打√)

1. (1)从您开始使用手机到现在,大约有多长时间?(从没使用过手机,则不必回答)

A. 3 年及以下　 B. 4 ~ 6 年　　 C. 7 ~ 10 年　　 D. 11 ~ 13 年

E. 14 ~ 17 年

(2)从您开始使用电脑到现在,大约有多长时间?(从没使用过电脑,

则不必回答)

    A. 3 年及以下   B. 4~6 年   C. 7~10 年   D. 11~13 年

    E. 14~17 年

    2. 如果您有使用手机发送短消息或 QQ/微信等聊天软件网络留言，请选择下列问题的答案。

    (1) 请估计一下，您平均每天编辑发送的短信或留言数量大约为？

    A. 几乎没有   B. 1~10 条   C. 11~20 条   D. 21 条以上

    (2) 您最多的时候，一天能大概能编辑发送多少条短信或留言？

    A. 几乎没有   B. 1~20 条   C. 21~60 条   D. 61 条以上

    3. 如果您有使用电脑书写作业，平均一个学期（包括假期），您大概总共完成多少份电脑作业或任务？

    A. 几乎没有   B. 1~6 份   C. 7~15 份   D. 16 份以上

    4. 如果您有利用手机或电脑，使用 QQ/微信/陌陌等聊天软件和他人进行在线实时聊天，则请您选择下列问题的答案。

    (1) 请估计一下，您在学校时，使用 QQ/微信/陌陌等聊天平均每天大概有多少次？（一次是指您在线上进行的连续聊天，而不是仅仅留言，而且每两次之间明显的时间间隔至少在 10 分钟以上）

    A. 几乎没有   B. 1~7 次   C. 8~14 次   D. 16 次以上

    (2) 请估计一下，您在学校时，使用 QQ/微信/陌陌等聊天平均每次大概需要多长时间？（指您在实际聊天中所用的时间，而不是指您挂在线上的时间）

    A. 几乎没有   B. 1~10 分钟

    C. 11 分钟~1 小时   D. 1 小时以上

    (3) 周末或假期时，您使用 QQ/微信/陌陌等聊天平均每天大概有多少次？

    A. 几乎没有   B. 1~7 次   C. 8~14 次   D. 16 次以上

    (4) 周末或假期时，您使用 QQ/微信/陌陌等聊天平均每次大概需要多长时间？

    A. 几乎没有   B. 1 小时以内   C. 1~3 小时   D. 3 小时以上

    5. 如果您有使用手机或电脑更新微博、说说、博客、微信朋友圈信息、空间日志等个人网络主页信息，请您回答下列问题。

    (1) 请估计一下，在学校时，您平均每天更新微博/说说/微信/日志等大概多少次？

A. 几乎没有　　B. 1~4 次　　　C. 5~10 次　　　D. 11 次以上

（2）周末或者假期时，您平均每天更新微博/说说/微信/日志等大概多少次？

A. 几乎没有　　B. 1~4 次　　　C. 5~10 次　　　D. 11 次以上

6. 如果您使用手机或电脑上网进入贴吧、论坛、网页（如新闻网页、产品网页等）等发帖或评论，那么请问您大概每周总共发帖或回复评论大概多少次（不是浏览，是发帖！）？

A. 几乎没有　　B. 1~7 次　　　C. 8~14 次　　　D. 15 次 以上

7. 以下题项需要您对自己的活动进行自我评价，请选择您的答案。

（1）您对自己日常使用手机发短信或者用聊天软件留言的评价是：

A. 几乎不发短信或留言　　　　B. 偶尔会用

C. 比较常用　　　　　　　　　D. 使用很频繁

（2）您对自己使用电脑的文字处理软件，如 Word、WPS、PowerPoint 等的评价是：

A. 几乎不用　　B. 偶尔使用　　C. 比较常用　　D. 使用很频繁

（3）您对自己平时使用电脑发送电子邮件的情况的评价是：

A. 几乎不发　　B. 偶尔发　　　C. 比较常发　　D. 发送很频繁

（4）您对自己平时使用陌陌/微信/QQ 等聊天软件的频繁程度的评价是：

A. 很少使用　　B. 偶尔使用　　C. 较为常用　　D. 使用很频繁

（5）您对自己平时更新日志、说说、微博、微信朋友圈、回复评论等活动的评价是：

A. 这些活动很少　　　　　　　B. 偶尔会进行

C. 较为常见　　　　　　　　　D. 这些活动很频繁

（6）您对自己上网进行贴吧、论坛发帖或评论、网页评论等活动的评价是：

A. 这些活动很少　　　　　　　B. 偶尔会进行

C. 较为常见　　　　　　　　　D. 这些活动很频繁

8. 您使用手机发短信以及上网活动中通常编写信息所最常用使用的输入方法是：

A. 拼音输入　　B. 笔画输入　　C. 手写输入

9. 您使用电脑，最常使用的汉字输入方法是：

A. 拼音输入法（如智能拼音、搜狗拼音、QQ 拼音等）

B. 形码输入法（如五笔输入、纵横码输入、郑码输入等）

10. 如果把使用拼音输入汉字的熟练程度和能力的评价满分定为 10 分，那么您对自己的评价为（请在相应的数字上打√）：

| 1 | 2 | 3 | 4 | 5 | 6 | 7 | 8 | 9 | 10 |

第三部分：您对网络语言的熟悉度和使用程度

1. 下列词汇网络语言当中比较流行的词汇，请您根据自己对它们的熟悉程度在其后的数字上打√。

		完全没听过	听过但不知道明确的意思	知道意思但没用过	偶尔使用过	使用的情况一般(不太频繁)	经常使用（很频繁）
1	Hold 住	①	②	③	④	⑤	⑥
2	土豪	①	②	③	④	⑤	⑥
3	悲催	①	②	③	④	⑤	⑥
4	躺枪	①	②	③	④	⑤	⑥
5	菜鸟	①	②	③	④	⑤	⑥
6	杯具	①	②	③	④	⑤	⑥
7	吃货	①	②	③	④	⑤	⑥
8	坑爹	①	②	③	④	⑤	⑥
9	逆袭	①	②	③	④	⑤	⑥
10	脑残	①	②	③	④	⑤	⑥
11	秒杀	①	②	③	④	⑤	⑥
12	萝莉	①	②	③	④	⑤	⑥
13	逆天	①	②	③	④	⑤	⑥
14	奇葩	①	②	③	④	⑤	⑥
15	小强	①	②	③	④	⑤	⑥
16	节奏	①	②	③	④	⑤	⑥
17	脑残粉	①	②	③	④	⑤	⑥
18	矮穷挫	①	②	③	④	⑤	⑥
19	女汉子	①	②	③	④	⑤	⑥
20	打酱油	①	②	③	④	⑤	⑥
21	有木有	①	②	③	④	⑤	⑥
22	我(勒个)去	①	②	③	④	⑤	⑥
23	你懂的	①	②	③	④	⑤	⑥

2. 您平时上网的情况。

（1）您的网龄大概有多长？

A. 0 ~ 1 年　　　B. 1 ~ 4 年　　　C. 5 ~ 8 年　　　D. 9 ~ 12 年

E. 13 年以上

（2）如果让您评价自己平时上网活动（包括前述的各种活动）的频繁程度，您觉得自己？

A. 很少上网　　　　　　　　　　B. 偶尔上网

C. 上网情况一般　　　　　　　　D. 上网比较常见

E. 上网非常频繁

第四部分：字词拼写测验

该部分主要是检查一下您能不能正确地写出这些字词。再次强调一下，此问卷并不记名，不是考试，不会评价好坏，所以请您诚实地工整地填写，不要参考他人的，也不要查阅资料，不会写的字词请空着，谢谢您的配合。

1. 写字部分（该部分已经给出词语其中一个字，请写出另一个字）

ēn huì 恩__	lā sà 拉__	yào shi 钥__	juàn dài 倦__	zhì xī __息
diāo xiè __谢	tōu qiè 偷__	kè zhàn 客__	chèn yī __衣	jiě pōu 解__
hé xié 和__	yù mèn __闷	shěnglüè 省__	dù jì __忌	guǐ jì __计
là jiāo __椒	fú lǔ 俘__	tiǎo xìn 挑__	xíng huì 行__	chà dào __道
zhuó zhuàng __壮	lún dūn 伦__	shē qiàn __欠	pò zhàn 破__	shē chǐ __侈
yú lè __乐	zhù zhái 住__	tuǒ xié __协	jǔ sàng __丧	kuàng yě __野
nǎi lào 奶__	xiàn mù __慕	nüè dài __待	kū jié 枯__	mián xù 棉__
qián é 前__	qiān míng __名	xiá gǔ __谷	bèi pàn 背__	jiāo wài __外

2. 写词部分（该部分词语已标出拼音，请填出正确的词，以使句子意义完整）

（1）我这个外出的游子经常会思念 cí xiáng（　　　　　）的母亲。

（2）他的脸上 yáng yì（　　　　　）着会心的笑容。

（3）qí qū（　　　　　）的山路一直弯弯曲曲通向山顶。

（4）河边有个穿着 suō yī（　　　　　）的老翁在小雨中垂钓。

（5）这个城市是通往东西南北的交通 shū niǔ（　　　　　）。

（6）爬过这座土山，我们看到了一望 wú yín（　　　　　）的沙漠。

（7）他有事情 dān ge（　　　　　）了，可能要迟一点。

（8）身上绑着橡皮绳，从几十米的高度往下跳，bèng jí（　　　　）是勇敢者的运动。

（9）这是一片 pín jí（　　　　　）的土地，几乎什么也不长。

（10）他擅长水墨 dān qīng（　　　　　），是绘画大师。

（11）每到黄昏的时候，小镇上家家户户屋顶上就会升起 niǎo niǎo（　　　）炊烟。

（12）她穿一身迷彩服，显得英姿 sà shuǎng（　　　　　　）。

（13）今天是商场开业打折的日子，购物的人们 fēng yōng（　　　　）而来。

（14）这个碗是 táo cí（　　　　　）制的。

（15）这个故事明显是 dù zhuàn（　　　　　）的，历史上没有这个人。

（16）听到别人对自己的议论，她感觉犹如 máng cì（　　　　　）在背。

（17）等他们赶到时，只发现一堆动物尸体的 cán hái（　　　　　　）。

（18）他因为劳累而倒在工作岗位上，是因公 xùn zhí（　　　　　　）。

（19）山西是产 méi tàn（　　　　　）的大省。

（20）当演讲者表明他的观点后，全场 yǎ rán（　　　　　），一片寂静。

（21）他喜欢激烈运动，出一身大汗，让他感觉 hān chàng（　　　　）淋漓。

（22）警察找到了凶器，那是一把 bǐ shǒu（　　　　　）。

（23）初稿比较潦草，于是我又认真 téng xiě（　　　　　）了一遍。

（24）大师是出家人，饮食不沾 hūn xīng（　　　　　），只吃素食。

（25）经过几百里地的长途 bá shè（　　　　　），他们终于到达了目的地。

（26）我国古代有 hóng yàn（　　　　）传书一说。

（27）我一定会履行我的 chéng nuò（　　　　　）。

（28）宝剑锋从 mó lì（　　　　）出，梅花香自苦寒来。

（29）这栋大楼，建了两年终于 jùn gōng（　　　　　）了。

（30）在这个世界有些贫穷的地方，人们依旧食不 guǒ fù（　　　　　），衣不遮体。

问卷到此完成，再次谢谢您的配合！

附录3　手写与键盘拼音输入学习的字词及例注

剅 lóu	栊 lóng	遄 chuán	诿 wěi	劾 hé
9	9　5126	12	10　4529	8　4565
茔 yíng	笞 chī	亘 gèn	宥 yòu	孑 jié
8　5084	11　4796	6　3872	9	3　4227
沓 tà	爻 yáo	夯 hāng	牍 dú	茬 chá
8　3790	4　5655	5　5030	12　4425	9　3277
砾 lì	坯 pī	绉 zhòu	鸷 zhì	昊 hào
10　3187	8　3606	8　4454	11　5180	8　4973
拮 jié	穹 qióng	怵 chù	臼 jiù	讹 é
9　4233	8　3666	8　4427	6　3662	6　4129
荠 jì	佃 diàn	俪 lì	诤 zhèng	惫 bèi
9　4396	7　2933	9　4686	8　5313	12　3406

注:第一个数字是笔画数,第二个数字是该字在现代汉语中的字频排序,其中剅、遄、宥因在语料库中出现次数小于5次而未进入字频统计(但肯定在5709之后)。

注解举例:

剅 lóu 修建在地面下的水道:～口、～嘴、～子

栊 lóng 窗户:帘～、房～、～门

遄 chuán 快、迅速:～往、～返、～飞、～疾、～归、～至

……

每周练习举例:

第一周				
剅口	帘栊	遄往	宥罪	弹劾
坟茔	鞭笞	木夯	文牍	茬子
砂砾	土坯	绉纱	鸷鸟	沓沓
孑然一身	横亘	阳爻	骈俪	诿说
拮据	苍穹	怵惕	石臼	讹字
荠菜	佃了五亩地	昊天	诤谏	惫懒

……

附录4 启动图片及干扰刺激

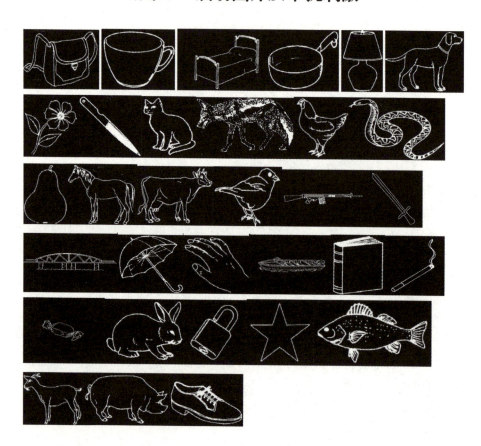

形似干扰及音似干扰项：

包（句 pao）	船（般 cuan）	床（庆 chang）	刀（刁 diao）
灯（订 den）	狼（狠 nang）	梨（愁 ni）	马（乌 mo）
猫（猎 miao）	鸟（乌 liao）	牛（午 nu）	书（专 xu）
锁（琐 so）	兔（免 tou）	鞋（跬 xue）	星（旱 xin）
狗（狍 guo）	锅（锦 kuo）	花（茌 fua）	鸡（鸣 li）
剑（刽 jan）	枪（抢 qang）	桥（桮 qao）	伞（仐 sian）
蛇（坨 se）	手（毛 sou）	烟（畑 yian）	羊（半 yeng）
鱼（龟 yü）	猪（绪 ju）		

附录5　空缺成语启动字及字形和音干扰项

成语	干扰字	干扰音	成语	干扰字	干扰音
七上八（下）	卞	cia	问心无（愧）	槐	kiu
马到成（功）	劝	gon	草木皆（兵）	乓	bin
破釜沉（舟）	母	zhuo	行尸走（肉）	网	you
掩耳盗（铃）	钤	lin	卧薪尝（胆）	朋	dian
落叶归（根）	恨	geng	无地自（容）	客	yong
亡羊补（牢）	宪	nao	石破天（惊）	谅	jin
叶公好（龙）	尤	nong	画蛇添（足）	呆	zou
无精打（采）	妥	chai	袖手旁（观）	现	guang
百鸟朝（凤）	风	fen	口是心（非）	韭	fi
汗牛充（栋）	拣	don	龙争虎（斗）	头	du
杯弓蛇（影）	彰	yin	孟母三（迁）	迂	qan
狐假虎（威）	咸	wie	狗仗人（势）	垫	si
争分夺（秒）	秋	mao	杞人忧（天）	夫	tan
一叶知（秋）	秒	qui	叱咤风（云）	亏	run
望梅止（渴）	谒	ko	水落石（出）	击	qu

附录6　成语空缺字启动声母和韵母、干扰声母和韵母

成语	干扰声母	韵母	成语	干扰声母	韵母
七上八（ ）	c	ai	问心无（ ）	g	iu
马到成（ ）	k	eng	草木皆（ ）	p	in
破釜沉（ ）	ch	uo	行尸走（ ）	y	o
掩耳盗（ ）	n	in	卧薪尝（ ）	t	uan
落叶归（ ）	g	eng	无地自（ ）	y	eng
亡羊补（ ）	n	an	石破天（ ）	g	in
叶公好（ ）	n	on	画蛇添（ ）	zh	ou

无精打（　）ch	an	袖手旁（　）k	an
百鸟朝（　）h	ong	口是心（　）h	ai
汗牛充（　）t	on	龙争虎（　）t	u
杯弓蛇（　）x	in	孟母三（　）j	an
狐假虎（　）v	ai	狗仗人（　）s	e
争分夺（　）n	ao	杞人忧（　）d	an
一叶知（　）k	ui	叱咤风（　）r	en
望梅止（　）g	o	水落石（　）c	ü

附录7　网络词汇及其传统义相关词和网络义相关词

网络词汇		传统语义相关词	网络语义相关词
劈腿		劈叉	出轨
杯具		茶水	悲剧
备胎		汽车	陪衬
大虾		游鱼	高手
潜水	11125	游泳	沉默
稀饭		米粥	喜欢
沙发	3897	椅子	第一
包子	10855	馒头	怂人
粉丝		面条	拥趸
奇葩		特别	另类
青蛙	3841	蛤蟆	丑男
童鞋		小脚	同学
鸭梨		水果	压力
萌	1918	发芽	可爱
闪	2452	电光	离开
偶	8659	奇	我
爬墙		上树	外遇
河蟹		虾米	和谐
打酱油		买醋	路过

狗血	淋头	老套
顶 1340	上面	支持
干爹	义父	情夫
表 1047	时钟	不要
小强	人名	蟑螂
空军 6247	飞机	无房
马甲	短褂	身份
果酱	沙拉	过奖
节奏 2430	韵律	状态
白骨精	孙悟空	精英
毛线	细绳	什么
倒 593	摔跤	无语

注：未标注词频的词，其频序均在 14629 以后，每 2000 万字出现次数在 50 次以下，因而未被收录。加粗的字体代表是谐音词，其他都是语义延伸词。

参考文献

（一）著作类

[1] 冯丽萍．现代汉语词汇认知研究［M］．北京：北京师范大学出版社，2011．

[2] 刘叔新．汉语描写词汇学［M］．北京：商务印书馆，2005．

[3] 彭聃龄．汉语认知研究［M］．济南：山东教育出版社，1997．

[4] 彭聃龄．汉语认知研究：从认知科学到认知神经科学［M］．北京师范大学出版社，2006．

[5] 上海通大学汉字编码组．汉字信息字典［M］．北京：科学出版社，1988．

[6] 唐朝阔，王群生．现代汉语（第2版）［M］．北京：高等教育出版社，2012．

[7] 侯杰泰，温忠麟，成子娟．结构方程模型及其应用［M］．北京：教育科学出版社，2004．

[8] 王还，刘杰，常宝儒．现代汉语频率词典［M］．北京：北京语言学院出版社，1986．

[9] 张积家．语言认知心理研究［M］．广州：暨南大学出版社，2007．

[10] 张积家．语言认知新论——一种相对论的探讨［M］．广州：广东高等教育出版社，2010．

[11] 张永言．词汇学简论［M］．武汉：华中工学院出版社，1982．

[12] 赵杰．汉语语言学［M］．北京：朝华出版社，2001．

[13] 朱智贤．儿童心理学［M］．北京：人民教育出版社，1980．

[14] 钱乃荣．汉语语言学［M］．北京：北京语言学院出版社，1995．

[15]《现代汉语常用词表》课题组．现代汉语常用词表（草案）［M］．北

京：商务印书馆，2008.

［16］王小潞．汉语隐喻认知与 ERP 神经成像［M］．北京：高等教育出版社，2009.

（二）论文类

［1］陈宝国，彭聃龄．汉字识别中形音义激活时间进程的研究（Ⅰ）［J］．心理学报，2001，33（1）：1-6.

［2］陈宝国，王立新，彭聃龄．汉字识别中形音义激活时间进程的研究（Ⅱ）［J］．心理学报，2003，35（5）：576-581.

［3］陈敏哲，白解红．汉语网络语言研究的回顾、问题与展望［J］．湖南师范大学社会科学学报，2012，41（3）：130-134.

［4］陈曦，张积家．汉字词形、音、义信息在色词干扰中的自动激活［J］．心理科学，2005，27（5）：1112-1115.

［5］陈新葵，张积家．义符熟悉性对高频形声字词汇通达的影响［J］．心理学报，2008，40（2）：148-159.

［6］程建伟，刘华山．互联网使用：促进还是抑制青少年思维发展［J］．教育研究与实验，2007（5）：51-56.

［7］崔占玲，张积家．藏-汉-英三语者语言联系模式探讨［J］．心理学报，2009，41（3）：208-219.

［8］崔占玲，张积家．藏-汉-英三语者词汇与语义表征研究［J］．心理科学，2009，2（3）：559-562.

［9］崔占玲，张积家，顾维忱．藏-汉-英三语者言语产生中的词汇选择机制［J］．现代外语，2009（1）：51-58.

［10］豆丁网．现代汉语汉字频度统计表［DB/OL］．http：//www.docin.com/p-577265474.html#documentinfo.html，2013.

［11］杜世洪．阅读教学的语言经验法简述［J］．国外外语教学，1996（2）：33-34.

［12］范方，苏林雁，曹枫林，等．中学生互联网过度使用倾向与学业成绩，心理困扰及家庭功能［J］．中国心理卫生杂志，2006，20（10）：635-638.

［13］方杰，张敏强，邱皓政．中介效应的检验方法和效果量测量：回顾和展望［J］．心理发展与教育，2012（1）：105-111.

［14］郭笃凌，郝怀芳．网络语言的类型、特点及其语用学意义［J］．现代语文：下旬·语言研究，2006（3）：65－67.

［15］郭桃梅，彭聃龄，祁志强，等．语音的自动激活及其在汉字语义通达中的作用［J］．心理学探新，2004，24（1）：31－33.

［16］郭桃梅，彭聃龄，卢春明，等．汉语词汇产生中的义、音信息提取时间进程的ERP研究［J］．心理学报，2006，37（5）：569－574.

［17］靳琰，曹进．网络语言使用与传播人群实证调查［J］．现代传播：中国传媒大学学报，2010（11）：111－115.

［18］李锦昆．计算机对汉语语言文字的负面影响［J］．北京大学学报（国内访问学者、进修教师论文专刊），2003：148－151.

［19］李利，郭红婷，华乐萌，等．汉语为二语学习者言语产生中的跨语言干扰［J］．心理学报，2012，44（11）：1434－1442.

［20］李启航．网络语言的生成机制研究［D］．曲阜：曲阜师范大学硕士学位论文，2010.

［21］李铁范，张秋杭．网络语言的负面影响与规范原则［J］．修辞学习，2006，134（2）：60－63.

［22］刘素娟，闵凤．当代青少年短信使用状况的调查分析［J］．思想理论教育，2008（9）：62－65.

［23］刘颖，刘敏，蒋重清．汉语言语产生的研究进展［J］．辽宁师范大学学报：社会科学版，2009，31（6）：56－58.

［24］楼向红．论网络语言对语言教学的影响［D］．昆明：云南师范大学硕士学位论文，2006.

［25］马显彬．汉语同音现象分析［J］．语文研究，2005，95（5）：15－19.

［26］彭聃龄，丁国盛，王春茂，等．汉语逆序词的加工——词素在词加工中的作用［J］．心理学报，1999，31（1）：36－46.

［27］彭聃龄，郭德俊，张素兰．再认性同一判断中汉字信息的提取［J］．心理学报，1985（3）：227－233.

［28］彭聃龄，郭德俊，张素兰．在回忆性同一判断中汉字信息提取的研究［J］．心理学报，1986（3）：264－571.

［29］彭聃龄，徐世勇，丁国盛，等．汉语单字词音、义加工的脑激活模式［J］．中国神经科学杂志，2003，19（5）：287－291.

[30] 彭聃龄，王春茂．汉字加工的基本单元：来自笔画数效应和部件数效应的证据 [J]．心理学报，1997，29（1）：7-12.

[31] 祁志强，彭聃龄．语音加工的脑机制研究：现状、困惑及展望 [J]．北京师范大学学报：社会科学版，2010（4）：40-47.

[32] 钱华，冯成志．汉字输入法对汉字字词加工的影响研究 [J]．心理科学，2004（6）：1368-1370.

[33] 人民网．网络时代不能"握着鼠标忘了笔杆" [EB/OL]．[2007-09-05]．http://media. people. com. cn/GB/40606/6218837. html.

[34] 山西新闻网．手机、电脑拥有率高淘汰也快 [EB/OL]．[2011-08-19]．http://www. daynews. com. cn/sxwb/c/43/1240028. html.

[35] 孙果哲．网络语言对中学语文教学影响的研究 [D]．石家庄：河北师范大学硕士学位论文，2007.

[36] 谭力海，彭聃龄．汉字的视觉识别过程：对形码和音码作用的考察 [J]．心理学报，1991，23（3）：272-278.

[37] 王成，尤文平，张清芳．书写产生过程的认知机制 [J]．心理科学进展，2012，20（10）：1560-1572.

[38] 王春茂，彭聃龄．合成词加工中的词频、词素频率及语义透明度 [J]．心理学报，1999（3）：266-273.

[39] 网易．中国青少年近一半拥有手机，普及率达48.9% [EB/OL]．[2009-02-14]．http://tech. 163. com/09/0211/14/51SLHIH3000915BE. html.

[40] 香港特别行政区政府统计处．个人电脑及互联网的普及程度 [EB/OL]．[2013-11-8]．http://www. censtatd. gov. hk/hkstat/srh/index_tc. jsp，

[41] 新华网．网语泛化：是喜，是忧？ [EB/OL]．[2007-07-18]．http://news. xinhuanet. com/focus/2007-07/18/content_6366106_3. htm.

[42] 许寿椿．说一说"97%的人使用拼音输入法"——电脑时代重新审视汉语拼音之十一 [J]．汉字文化，2013（2）：48-53.

[43] 学科网．学生作文大量使用网络语言难住老师 [EB/OL]．[2010-01-12]．http://www. zxxk. com/Article/1001/89543. shtml.

[44] 杨珲，彭聃龄，Perfetti. C.，等．汉字阅读中语音的通达与表征（I）——字水平与亚字水平的语音及其交互作用 [J]．心理学报，

2000，32（2）：144 - 151.

[45] 杨青松，钟毅平，粟华利．掩蔽启动范式下汉字字音和字义激活的时间进程——来自 ERP 的证据［J］．湖南师范大学教育科学学报，2013，12（6）：122 - 126.

[46] 杨闰荣，韩玉昌，曹洪霞．言语产生过程中语义、语音激活的 ERP 研究［J］．心理科学，2006，29（6）：1444 - 1447.

[47] 印丛，王娟，张积家．汉语言语产生中语音、字形启动的位置效应［J］．心理学报，2011，43（9）：1002 - 1012.

[48] 喻柏林，曹河圻．笔画数配置对汉字认知的影响［J］．心理科学，1992（4）：5 - 10.

[49] 余艳．网络语言中汉字认知机制的价值［J］．图书与情报，2008（2）：98 - 100.

[50] 袁潇，风笑天．青少年手机需求及使用行为研究现状［J］．中国青年研究，2011（4）：78 - 81.

[51] 臧迎欣．智能拼音输入法对大学生汉字应用能力负面影响的调查研究［D］．沈阳：沈阳师范大学硕士学位论文，2012.

[52] 翟秀霞．汉语网络语言变异的认知研究［D］．汕头：汕头大学硕士学位论文，2008.

[53] 张积家，和秀梅，陈曦．纳西象形文字识别中的形、音、义激活［J］．心理学报，2007（5）：807 - 818.

[54] 张积家，李茂．汉字输入法对汉字形、音、义联结的影响［J］．心理科学，2010（4）：835 - 838.

[55] 张积家，彭聃龄．汉字词特征语义提取的实验研究［J］．心理学报，1993，25（2）：140 - 147.

[56] 张积家，张厚粲，彭聃龄．分类过程中汉字的语义提取（Ⅰ）［J］．心理学报，1990（4）：397 - 405.

[57] 张积家，彭聃龄，张厚粲．分类过程中汉字的语义提取（Ⅱ）［J］．心理学报，1991（2）：139 - 144.

[58] 张积家，王惠萍．声旁与整字的音段、声调关系对形声字命名的影响［J］．心理学报，2001，33（3）：193 - 197.

[59] 张积家，王惠萍．笔画复杂性和重复性对笔画和汉字认知的影响［J］．心理学报，2002，34（5）：449 - 453.

[60] 张坚. 塞尔的隐喻解释原理与网络语言 [J]. 外国语文, 2010 (4): 49 - 51.

[61] 张丽. 青少年手机使用情况的调查分析 [J]. 上海青年管理干部学院学报, 2007 (3): 49 - 51.

[62] 张普. 汉语拼音与汉语信息处理 [J]. 语言文字应用, 2008 (3): 28 - 29.

[63] 张清芳. 汉语单音节词汇产生中音韵编码的单元 [J]. 心理科学, 2005, 28 (2): 374 - 378.

[64] 张清芳. 汉语单音节词汇产生中的激活反馈 [J]. 心理科学, 2006, 29 (6): 1382 - 1387.

[65] 张清芳. 汉语单音节和双音节词汇产生中的音韵编码过程: 内隐启动范式研究 [J]. 心理学报, 2008, 40 (3): 253 - 262.

[66] 张清芳, 杨玉芳. 影响图画命名时间的因素 [J]. 心理学报, 2003, 35 (4): 447 - 454.

[67] 张清芳, 杨玉芳. 言语产生中的词汇通达理论 [J]. 心理科学进展, 2003, 11 (1): 6 - 11.

[68] 张清芳, 杨玉芳. 汉语词汇产生中语义、字形和音韵激活的时间进程 [J]. 心理学报, 2004, 36 (1): 1 - 8.

[69] 张清芳, 杨玉芳. 音节在语言产生中的作用 [J]. 心理科学进展, 2005, 13 (6): 752 - 759.

[70] 张清芳, 杨玉芳. 汉语词汇产生中词汇选择和音韵编码之间的交互作用 [J]. 心理学报, 2006, 38 (4): 480 - 488.

[71] 张武田, 冯玲. 关于汉字识别加工单位的研究 [J]. 心理学报, 1992, 24 (4): 379 - 385.

[72] 张扬. 网络语言对作文教学的积极意义 [J]. 语文教学与研究, 2008 (5): 22 - 23.

[73] 中国互联网络信息中心. 2013 年中国青少年上网行为调查报告 [EB/OL]. http://www.cnnic.net.cn/hlwfzyj/HlwXzBg/qsnbg/, 2014 - 06 - 11.

[74] 中华人民共和国工信部. 2014 年通信运行业统计公报 [EB/OL]. [2015 - 1 - 20]. http://www.miit.gov.cn/n11293472/n11293832/n11294132/n12858447/16414615.html.

［75］周海燕，舒华．汉语音－形通达过程的同音字家族数效应和语义透明度效应［J］．心理科学，2008，31（4）：852－855．

［76］周晓林，玛依拉·亚克甫，李恋敬，等．语言经验可以改变双语者的主导语言［J］．心理科学，2008，31（2）：266－272．

［77］周晓林，曲延轩，庄捷．再探汉字加工中语音、语义激活的相对时间进程［J］．心理与行为研究，2003，1（4）：241－247．

［78］周晓林，庄捷，吴佳音，等．汉语词汇产生中音、形、义三种信息激活的时间进程［J］．心理学报，2003，35（6）：712－718．

［79］周晓林，庄捷，舒华．言语产生研究的理论框架［J］．心理科学，2001，24（3）：262－265．

［80］周晓林，庄捷，于淼．言语产生中双词素词的语音编码［J］．心理学报，2002，34（3）：242－247．

［81］朱朝霞，刘丽，丁国盛，等．拼音输入法经验对汉字字形和语音加工的影响［J］．心理学报，2009，41（9）：785－792．

［82］庄捷，周晓林．言语产生中的词长效应［J］．心理学报，2001，33（3）：214－518．

［83］庄捷，周晓林．汉语词汇产生中语义语音之间层次的交互作用［J］．心理学报，2003，35（3）：300－308．

［84］陈京军，许磊．手写与键入影响读写效果的研究争论及启示［J］．现代教育技术，2016（7）：18－24．

［85］陈京军，许磊，程晓荣，等．儿童汉字练习：纸笔手写与键盘拼音输入的效果比较［J］．心理学报，2016，48（10）：1258－1269．

（三）外文类

［1］Afonso, O., Alvarez, C. J. Phonological effects in handwriting production: Evidence from the implicit priming paradigm［J］. Journal of Experimental Psychology: Learning, Memory, and Cognition, 2011, 37 (6): 1474.

［2］Andrews, S. Phonological recoding: Is the regularity effect consistent?［J］. Memory & Cognition, 1982, 10 (6): 565－575.

［3］Arafeh, S., Smith, A., Macgill, A. R. Writing, technology and teens［R/OL］. Washington: Pew Internet & American Life Project, 2008. http://files. eric. ed. gov/fulltext/ED524313. pdf.

［4］ Aristei, S., Melinger, A., Rahman, R. A. Electrophysiological chronome-try of semantic context effects in language production ［J］. Journal of Cognitive Neuroscience, 2011, 23 （7）: 1567 – 1586.

［5］ Bachoud-Lévi, A. ., Dupoux, E., Cohen, L., et al. Where is the length effect? A cross-linguistic study of speech production ［J］. Journal of Memory and Language, 1998, 39 （3）: 331 – 346.

［6］ Balota, D. A., Chumbley, J. I. Are lexical decisions a good measure of lexical access? The role of word frequency in the neglected decision stage ［J］. Journal of Experimental Psychology: Human perception and performance, 1984, 10 （3）: 340.

［7］ Baron, J., Strawson, C. Use of orthographic and word-specific knowledge in reading words aloud ［J］. Journal of Experimental Psychology: Human Perception and Performance, 1976, 2 （3）: 386.

［8］ Baron, N. S. Letters by phone or speech by other means: The linguistics of email ［J］. Language & Communication, 1998, 18 （2）: 133 – 170.

［9］ Baron, N. S. Always on: Language in an online and mobile world ［M］. Oxford: Oxford University Press, 2008.

［10］ Berger, N. I., Coch, D. Do u txt? Event-related potentials to semantic a-nomalies in standard and texted English ［J］. Brain and language, 2010, 113 （3）: 135 – 148.

［11］ Berninger, V., Abbott, R., Rogan, L., et al. Teaching spelling to chil-dren with specific learning disabilities: The mind's ear and eye beat the computer or pencil ［J］. Learning Disability Quarterly, 1998, 21 （2）: 106 – 122.

［12］ Bialystok E, Poarch G J. Language experience changes language and cogni-tive ability ［J］. Zeitschrift für Erziehungswissenschaft, 2014, 17 （3）: 433 – 446.

［13］ Bock, J. K. Syntactic persistence in language production ［J］. Cognitive psychology, 1986, 18 （3）: 355 – 387.

［14］ Bock, J. K., Levelt, W. J. M. Language production: Grammatical enco-ding ［C］ ∥ Gernsbacher MA （Ed.）. Handbook of psycholinguistics. Amsterdam: Elsevier, 1994.

[15] Bonin, P. , Fayol, M. , Peereman, R. Masked form priming in writing words from pictures: Evidence for direct retrieval of orthographic codes [J]. Acta Psychologica, 1998, 99 (3): 311 – 328.

[16] Bonin, P. , Peereman, R. , Fayol, M. Do phonological codes constrain the selection of orthographic codes in written picture naming? [J]. Journal of Memory and Language, 2001, 45 (4): 688 – 720.

[17] Brooks, G. , Miles, J. N. V. , Torgerson, C. J. , et al. Is an intervention using computer software effective in literacy learning? A randomised con- trolled trial [J]. Educational Studies, 2006, 32 (2): 133 – 143.

[18] Bushnell, C. , Kemp, N. , Martin, F. H. Text – Messaging Practices and Links to General Spelling Skill: A Study of Australian Children [J]. Journal of Educational & Developmental Psychology, 2011, 11 (11): 27 – 38.

[19] Chafe, W. , Tannen, D. The relation between written and spoken language [J]. Annual Review of Anthropology, 1987, 16 (1): 383 – 407.

[20] Cheung, H. , Chen, H. C. , Lai, C. Y. , et al. The development of pho- nological awareness: Effects of spoken language experience and orthography [J]. Cognition, 2001, 81 (3): 227 – 241.

[21] Collins, A. M. , Loftus, E. F. A spreading-activation theory of semantic processing [J]. Psychological review, 1975, 82 (6): 407 – 428.

[22] Collins, A. M. , Quillian, M. R. Retrieval time from semantic memory [J]. Journal of verbal learning and verbal behavior, 1969, 8 (2): 240 – 247.

[23] Coltheart, M. Lexical access in simple reading tasks [C] // Underwood G (Eds.) . Strategies of information processing. London: Academic Press, 1978.

[24] Condry, S. M. , McMahon-Rideout, M. , Levy, A. A. A developmental in- vestigation of selective attention to graphic, phonetic, and semantic informa- tion in words [J]. Perception & Psychophysics, 1979, 25 (2): 88 – 94.

[25] Crook, C. , Bennett, L. Does using a computer disturb the organization of children's writing? [J]. British Journal of Developmental Psychology, 2007, 25 (2): 313 – 321.

[26] Crystal, D. Language and the Internet [M]. Cambridge: Cambridge Uni-

versity Press, 2006.

[27] Cunningham, A. E. , Stanovich, K. E. Early spelling acquisition: Writing beats the computer [J]. Journal of Educational Psychology, 1990, 82 (1): 159 – 162.

[28] Damian, M. F. , Dorjee, D. , Stadthagen-Gonzalez, H. Long-term repetition priming in spoken and written word production: Evidence for a contribution of phonology to handwriting [J]. Journal of Experimental Psychology: Learning, Memory, and Cognition, 2011, 37 (4): 813 – 826.

[29] Damian, M. F. , Qu, Q. Is handwriting constrained by phonology? Evidence from Stroop tasks with written responses and Chinese characters [J]. Frontiers in psychology, 2013, 4 (4): 1 – 13.

[30] Dan-ling, P. , Hui, Y. The phonological processing of Chinese phonograms [J]. Asia Pacific Journal of Speech, Language and Hearing, 1997, 2 (3): 177 – 194.

[31] Dell, G. S. A spreading-activation theory of retrieval in sentence production [J]. Psychological review, 1986, 93 (3): 283 – 321.

[32] Dell, G. S. The retrieval of phonological forms in production: Tests of predictions from a connectionist model [J]. Journal of memory and language, 1988, 27 (2): 124 – 142.

[33] Dell, G. S. , Schwartz, M. F. , Martin, N. , et al. Lexical access in aphasic and nonaphasic speakers [J]. Psychological review, 1997, 104 (4): 801 – 838.

[34] Ding, G. , Peng, D. , Taft, M. The nature of the mental representation of radicals in Chinese: a priming study [J]. Journal of Experimental Psychology: Learning, Memory, and Cognition, 2004, 30 (2): 530.

[35] Dong, Q. , Xue, G. , Jin, Z. , et al. Brain response is shaped by language experience: Evidence from an fMRI study on beginning second language learners [J]. 心理学报, 2004, 36 (4): 448 – 454.

[36] Doughty, T. T. , Bouck, E. C. , Bassette, L. , et al. Spelling on the Fly: Investigating a Pentop Computer to Improve the Spelling Skills of Three Elementary Students with Disabilities [J]. Assistive Technology, 2013, 25 (3): 166 – 175.

[37] Ferreira, V. S., Humphreys, K. R. Syntactic influences on lexical and morphological processing in language production [J]. Journal of Memory and Language, 2001, 44 (1): 52 – 80.

[38] Forster, K., Booker, J., Schacter, D. L., et al. Masked repetition priming: Lexical activation or novel memory trace? [J]. Bulletin of the Psychonomic Society, 1990, 28 (4): 341 – 345.

[39] Forster, K. I. The pros and cons of masked priming [J]. Journal of psycholinguistic research, 1998, 27 (2): 203 – 233.

[40] Forster, K. I., Davis, C. The density constraint on form-priming in the naming task: Interference effects from a masked prime [J]. Journal of Memory and Language, 1991, 30 (1): 1 – 25.

[41] Foss, D. J. Decision processes during sentence comprehension: Effects of lexical item difficulty and position upon decision times [J]. Journal of Verbal Learning and Verbal Behavior, 1969, 8 (4): 457 – 462.

[42] Ganushchak, L. Y., Krott, A., Meyer, A. S. Electroencephalographic responses to SMS shortcuts [J]. Brain research, 2010, 1348: 120 – 127.

[43] Ganushchak, L. Y., Krott, A., Meyer, A. S. From gr8 to great: lexical access to SMS shortcuts [J]. Frontiers in psychology, 2012, 3 (3): 150.

[44] Gibson, T. A., Peña, E. D., Bedore, L. M. The relation between language experience and receptive-expressive semantic gaps in bilingual children [J]. International Journal of Bilingual Education and Bilingualism, 2014, 17 (1): 90 – 110.

[45] Goldberg, A., Russell, M., Cook, A. The effect of computers on student writing: A meta-analysis of studies from 1992 to 2002 [J]. The Journal of Technology, Learning and Assessment, 2003, 2 (1): 2 – 20.

[46] Grace, A. A. Mobile phone text messaging language: How and why undergraduates use textisms [D]. Doctoral dissertation, University of Tasmania, 2013.

[47] Head, J., Russell, P. N., Dorahy, M. J. et al. Text-speak processing and the sustained attention to response task [J]. Experimental brain research, 2012, 216 (1): 103 – 111.

[48] Head, J., Neumann, E., Russell, P., et al. New Zealand text-speak word

norms and masked priming effects [J]. New Zealand Journal of Psychology, 2013, 42 (2): 5 – 16.

[49] Head, J., Wilson, K. M., Helton, W. S., et al. Right Hemisphere Prefrontal Cortical Involvement in Text—Speak Processing [A]. Proceedings of the Human Factors and Ergonomics Society Annual Meeting [C]. SAGE Publications, 2013.

[50] Jackson, L. A., Von Eye, A., Biocca, F. A., et al. Does home internet use influence the academic performance of low-income children? [J]. Developmental psychology, 2006, 42 (3): 429 – 435.

[51] James, K. H., Engelhardt, L. The effects of handwriting experience on functional brain development in pre-literate children [J]. Trends in neuroscience and education, 2012, 1 (1): 32 – 42.

[52] Jay, T. The psychology of language [M]. 北京: 北京大学出版社, 2004.

[53] Johnson, G. M. Traditional Literacy Skills and Internet Use Among 8-to 12-Year-Old Children [J]. Reading Psychology, 2013, 34 (5): 486 – 506.

[54] Kaan, E., Wayland, R., Bao, M., et al. Effects of native language and training on lexical tone perception: An event-related potential study [J]. Brain research, 2007, 1148: 113 – 122.

[55] Kandori, S. The influence of information and communication technology (ICT) on secondary school students' development in Japanese handwriting skills [D]. Masters Coursework thesis, Melbourne Graduate School of Education, 2008.

[56] Kang, E., Lee, D. S., Kang, H., et al. Neural changes associated with speech learning in deaf children following cochlear implantation [J]. Neuroimage, 2004, 22 (3): 1173 – 1181.

[57] Krishnan, A., Gandour, J. T., Bidelman, G. M. The effects of tone language experience on pitch processing in the brainstem [J]. Journal of Neurolinguistics, 2010, 23 (1): 81 – 95.

[58] Labbo, L. D., Eakle, A. J., Montero, M. K. Digital language experience approach: Using digital photographs and software as a language experience approach innovation [J]. Reading Online, 2002, 5 (8): 24 – 43.

[59] Lam, F. S., Pennington, M. C. The computer vs. the pen: A comparative

study of word processing in a Hong Kong secondary classroom [J]. Computer Assisted Language Learning, 1995, 8 (1): 75 – 92.

[60] Lanchantin, T., Simoës – Perlant, A., Largy, P. The case of Digital Writing in Instant Messaging: When cyber written productions are closer to the oral code than the written code [J]. Psychology Journal, 2012, 10 (3): 187 – 214.

[61] Law, S. P., Or, B. A case study of acquired dyslexia and dysgraphia in Cantonese: Evidence for nonsemantic pathways for reading and writing Chinese [J]. Cognitive Neuropsychology, 2001, 18 (8): 729 – 748.

[62] Law, S. P., Wong, W., Kong, A. Direct access from meaning to orthography in Chinese: A case study of superior written to oral naming [J]. Aphasiology, 2006, 20 (6): 565 – 578.

[63] Lenhart, A. Teens, smartphones & texting [R/OL]. Pew Internet & American Life Project. [2012 – 03 – 19]. http://www.pewinternet.org/files/old – media/Files/Reports/2012/PIP_ Teens_ Smartphones_ and_ Texting. pdf.

[64] Leong, C. K., Cheng, P. W., Mulcahy, R. Automatic processing of morphemic orthography by mature readers [J]. Language and Speech, 1987, 30 (2): 181 – 196.

[65] Levelt, W. J. Accessing words in speech production: Stages, processes and representations [J]. Cognition, 1992, 42 (1): 1 – 22.

[66] Levelt, W. J. Models of word production [J]. Trends in cognitive sciences, 1999, 3 (6): 223 – 232.

[67] Levelt, W. J. Spoken word production: A theory of lexical access [J]. Proceedings of the National Academy of Sciences, 2001, 98 (23): 13464 – 13471.

[68] Levelt, W. J., Roelofs, A., Meyer, A. S. A theory of lexical access in speech production [J]. Behavioral and brain sciences, 1999, 22 (01): 1 – 38.

[69] Levelt, W. J. Speaking: From intention to articulation (外文影印版) [M]. 北京: 外语教学与研究出版社, 2008.

[70] Longcamp, M., Boucard, C., Gilhodes, J. C. Learning through hand—or

typewriting influences visual recognition of new graphic shapes: Behavioral and functional imaging evidence [J]. Journal of Cognitive Neuroscience, 2008, 20 (5): 802 – 815.

[71] Longcamp, M., Boucard, C., Gilhodes, J. C., et al. Remembering the orientation of newly learned characters depends on the associated writing knowledge: A comparison between handwriting and typing [J]. Human Movement Science, 2006, 25 (4): 646 – 656.

[72] Longcamp, M., Zerbato-Poudou, M. T., Velay, J. L. The influence of writing practice on letter recognition in preschool children: A comparison between handwriting and typing [J]. Acta psychologica, 2005, 119 (1): 67 – 79.

[73] Lyddy, F., Farina, F., Hanney, et al. An Analysis of Language in University Students' Text Messages [J]. Journal of Computer-Mediated Communication, 2014, 19 (3): 546 – 561.

[74] Madden, M., Lenhart, A., Duggan, M., et al. Teens and technology 2013 [R/OL]. Pew Internet & American Life Project. [2013 – 03 – 13]. http: //www. pewinternet. org/files/old – media/Files/Reports/2013/PIP_ TeensandTechnology2013. pdf

[75] Marian, V., Blumenfeld, H. K., Kaushanskaya, M. The Language Experience and Proficiency Questionnaire (LEAP-Q): Assessing language profiles in bilinguals and multilinguals [J]. Journal of Speech, Language and Hearing Research, 2007, 50 (4): 940.

[76] Masterson, J. J., Apel, K. Effect of modality on spelling words varying in linguistic demands [J]. Developmental neuropsychology, 2006, 29 (1): 261 – 277.

[77] Mayberry, R. I., Lock, E., Kazmi, H. Development: Linguistic ability and early language exposure [J]. Nature, 2002, 417 (6884): 38 – 38.

[78] May, L., Byers-Heinlein, K., Gervain, J., et al. Language and the newborn brain: does prenatal language experience shape the neonate neural response to speech? [J]. Frontiers in psychology, 2011, 2 (2): 1 – 9.

[79] Merchant, G. Digital writing in the early years [C] //Coiro, Julie, Knobel, et al. (eds.). Handbook of research on new literacies. New York:

Laurence Erlbaum, 2007.

[80] Merchant, G. A sign of the times: Looking critically at popular digital writing [C] // J. Marsh & E. Millard (Eds.). Popular literacies, childhood and schooling. London: Routledge, 2006.

[81] Nittrouer, S., Burton, L. T. The role of early language experience in the development of speech perception and phonological processing abilities: Evidence from 5-year-olds with histories of otitis media with effusion and low socioeconomic status [J]. Journal of communication disorders, 2005, 38 (1): 29 –63.

[82] Omar, A., Miah, M., Sasa, H., et al. Impact of technology on teens' written language [J]. International Journal, 2012, 1 (1): 9 –17.

[83] O'Seaghdha, P. G., Chen, J. Y., Chen, T. M. Proximate units in word production: Phonological encoding begins with syllables in Mandarin Chinese but with segments in English [J]. Cognition, 2010, 115 (2): 282 – 302.

[84] Ouellette, G., Tims, T. The write way to spell: printing vs. typing effects on orthographic learning [J]. Frontiers in psychology, 2014, 5: 1 –11.

[85] Peng, D. L., Ding, G. S., Perry, C., et al. fMRI evidence for the automatic phonological activation of briefly presented words [J]. Cognitive Brain Research, 2004, 20 (2): 156 –164.

[86] Peng, D., Liu, Y., Wang, C. How is access representation organized? The relation of polymorphemic words and their morphemes in Chinese [C] // 彭聃龄. 汉语认知研究: 从认知科学到认知神经科学. 北京师范大学出版社, 2006.

[87] Peng, D. L., Zhang, B. Y., Liu, Z. Z. Lexical decomposition and whole word storage of Chinese coordinative two-character word [C] // 彭聃龄. 汉语认知研究: 从认知科学到认知神经科学. 北京师范大学出版社, 2006.

[88] Peng, D. L., Xu, D., Jin, Z., et al. Neural basis of the non-attentional processing of briefly presented words [J]. Human Brain Mapping, 2003, 18 (3): 215 –221.

[89] Perfetti, C. A., Zhang, S. Phonological processes in reading Chinese char-

acters [J]. Journal of Experimental Psychology: Learning, Memory, and Cognition, 1991, 17 (4): 633 – 643.

[90] Perfetti, C. A., Zhang, S. Very early phonological activation in Chinese reading [J]. Journal of Experimental Psychology: Learning, Memory, and Cognition, 1995, 21 (1): 24 – 33.

[91] Plester, B., Lerkkanen, M. K., Linjama, L. J., et al. Finnish and UK English pre-teen children's text message language and its relationship with their literacy skills [J]. Journal of Computer Assisted Learning, 2011, 27 (1): 37 – 48.

[92] Plester, B., Wood, C. Exploring relationships between traditional and new media literacies: British preteen texters at school [J]. Journal of Computer-Mediated Communication, 2009, 14 (4): 1108 – 1129.

[93] Plester, B., Wood, C., Joshi, P. Exploring the relationship between children's knowledge of text message abbreviations and school literacy outcomes [J]. British Journal of Developmental Psychology, 2009, 27 (1): 145 – 161.

[94] Plester, B., Wood, C., Bell, V. Txt msg n school literacy: does texting and knowledge of text abbreviations adversely affect children's literacy attainment? [J]. Literacy, 2008, 42 (3): 137 – 144.

[95] Pickering, M. J., Branigan, H. P. The representation of verbs: Evidence from syntactic priming in language production [J]. Journal of Memory and Language, 1998, 39 (4): 633 – 651.

[96] Qu, Q., Damian, M. F., Kazanina, N. Sound-sized segments are significant for Mandarin speakers [J]. Proceedings of the National Academy of Sciences, 2012, 109 (35): 14265 – 14270.

[97] Qu, Q., Damian, M. F., Kazanina, N. Reply to O'Seaghdha et al.: Primary phonological planning units in Chinese are phonemically specified [J]. Proceedings of the National Academy of Sciences, 2013, 110 (1): E4.

[98] Qu, Q., Damian, M. F., Zhang, Q., et al. Phonology Contributes to Writing Evidence From Written Word Production in a Nonalphabetic Script [J]. Psychological science, 2011, 22 (9): 1107 – 1112.

［99］ Rapp, B., Benzing, L., Caramazza, A. The autonomy of lexical orthography ［J］. Cognitive neuropsychology, 1997, 14 (1): 71 – 104.

［100］ Rubenstein, H., Garfield, L., Millikan, J. A. Homographic entries in the internal lexicon ［J］. Journal of Verbal Learning and Verbal Behavior, 1970, 9 (5): 487 – 494.

［101］ Santiago, J., MacKay, D. G., Palma, A., et al. Sequential activation processes in producing words and syllables: Evidence from picture naming ［J］. Language and Cognitive Processes, 2000, 15 (1): 1 – 44.

［102］ Schriefers, H., Meyer, A. S., Levelt, W. J. Exploring the time course of lexical access in language production: Picture-word interference studies ［J］. Journal of Memory and Language, 1990, 29 (1): 86 – 102.

［103］ Segaert, K., Menenti, L., Weber, K., et al. Shared Syntax in Language Production and Language Comprehension—An fMRI Study ［J］. Cerebral Cortex (New York, NY), 2012, 22 (7): 1662 – 1670.

［104］ Seidenberg, M. S., Waters, G. S., Barnes, M. A., et al. When does irregular spelling or pronunciation influence word recognition? ［J］. Journal of Verbal Learning and Verbal Behavior, 1984, 23 (3): 383 – 404.

［105］ Shen, X. R., Damian, M. F., Stadthagen-Gonzalez, H. Abstract graphemic representations support preparation of handwritten responses ［J］. Journal of Memory and Language, 2013, 68 (2): 69 – 84.

［106］ Sheng, L., Bedore, L. M., Peña, E. D., et al. Semantic development in Spanish-English bilingual children: Effects of age and language experience ［J］. Child development, 2013, 84 (3): 1034 – 1045.

［107］ Smith, A, Lee, R, Zickuhr, K. College students and technology ［R/ OL］. Pew Internet and American Life Project. ［2011 – 07 – 19］. http: //www. pewinternet. org/2011/07/19/college – students – and – technology/.

［108］ Smith, E. E., Shoben, E. J., Rips, L. J. Structure and process in semantic memory: Afeatural model for semantic decisions ［J］. Psychological review, 1974, 81 (3): 214.

［109］ Spinks, J. A., Liu, Y., Perfetti, C. A., et al. Reading Chinese characters for meaning: The role of phonological information ［J］. Cognition,

2000, 76 (1): 1 -11.

[110] Stahl, S. A. , Miller, P. D. Whole language and language experience approaches for beginning reading: A quantitative research synthesis [J]. Review of Educational Research, 1989, 59 (1): 87 -116.

[111] Stainthorp, R. Learning to spell: Handwriting does not always beat the computer [J]. Dyslexia, 1997, 3 (4): 229 -234.

[112] Suddath, C. Mourning the death of handwriting [J/OL]. Time Magazine, [2009 - 08 - 03]. http: //www. buffalo. edu/content/dam/www/news/ imported/pdf/July09/TimeThorntonHandwriting. pdf.

[113] Sumner, E. , Connelly, V. , Barnett, A. L. The Influence of Spelling Ability on Handwriting Production: Children With and Without Dyslexia [J]. Journal of Experimental Psychology: Learning, Memory, and Cognition, 2014, 40 (5): 1441 -1447.

[114] Sutherland, J. Cn u txt [N/OL]. The Guardian. [2002 - 11 - 11]. http: //www. guardian. co. uk/technology/2002/nov/11/mobilephones2.

[115] Sülzenbrück, S. , Hegele, M. , Rinkenauer, G. et al. The death of handwriting: Secondary effects of frequent computer use on basic motor skills [J]. Journal of motor behavior, 2011, 43 (3): 247 -251.

[116] Taft, M. Interactive-activation as a framework for understanding morphological processing [J]. Language and cognitive processes, 1994, 9 (3): 271 -294.

[117] Tan, L. H. , Perfetti, C. A. Phonological activation in visual identification of Chinese two-character words [J]. Journal of Experimental Psychology: Learning, Memory, and Cognition, 1999, 25 (2): 382 -393.

[118] Tan, L. H. , Xu, M. , Chang, C. Q. , et al. China's language input system in the digital age affects children's reading development [J]. Proceedings of the National Academy of Sciences, 2013, 110 (3): 1119 -1123.

[119] Purcell K. Teens 2012: Truth, Trends, and Myths About Teen Online Behavior [R/OL]. Washington: Pew Internet & American Life Project, 2012. http: //www. pewinternet. org/files/old-media/Files/Presentations/ 2012/July/KPurcell%20ACT%20Conf_ PDF. pdf

[120] Torgerson C, Zhu D. A systematic review and meta-analysis of the effec-

tiveness of ICT on literacy learning in English, 5 – 16 ［C］// Research Evidence in Education Library. London: EPPI-Centre, Social Science Research Unit, Institute of Education, 2003.

［121］ Treisman, A. M. Contextual cues in selective listening ［J］. Quarterly Journal of Experimental Psychology, 1960, 12 (4): 242 – 248.

［122］ Turbill, J. Exploring the potential of the digital language experience approach in Australian classrooms ［J］. Reading Online, 2003, 6 (7): 41 – 52.

［123］ Van Berkum, J. J., Brown, C. M., Zwitserlood, P., et al. Anticipating upcoming words in discourse: evidence from ERPs and reading times ［J］. Journal of Experimental Psychology: Learning, Memory, and Cognition, 2005, 31 (3): 443 – 467.

［124］ Vaughn, S., Schumm, J. S., Gordon, J. Early spelling acquisition: Does writing really beat the computer? ［J］. Learning Disability Quarterly, 1992, 15 (3): 223 – 228.

［125］ Vaughn, S., Schumm, J. S., Gordon, J. Which motoric condition is most effective for teaching spelling to students with and without learning disabilities? ［J］. Journal of Learning Disabilities, 1993, 26 (3): 191 – 198.

［126］ Watt, H. J. How Does the Use of Modern Communication Technology Influence language and Literacy Development? A Review ［J］. UK Contemporary Issues in Communication Science and Disorders, 2010, 37: 141 – 148.

［127］ Warschauer, M. Laptops and literacy: A multi-site case study ［J］. Pedagogies: An International Journal, 2008, 3 (1): 52 – 67.

［128］ Weekes, B. S., Yin, W., Su, I. F., et al. The cognitive neuropsychology of reading and writing in Chinese ［J］. Language and linguistics, 2006, 7 (3): 595 – 617.

［129］ Wheeldon, L. R., Monsell, S. The locus of repetition priming of spoken word production ［J］. The Quarterly Journal of Experimental Psychology, 1992, 44 (4): 723 – 761.

［130］ Whitford, V., Titone, D. Second-language experience modulates first and second-language word frequency effects: Evidence from eye movement measures of natural paragraph reading [J]. Psychonomic bulletin & review, 2012, 19 (1): 73 – 80.

[131] Yin, W. G., Weekes, B. S. Dyslexia in Chinese: Clues from cognitive neuropsychology [J]. Annals of Dyslexia, 2003, 53 (1): 255 – 279.

[132] Zhang, B., Peng, D. Decomposed storage in the Chinese lexicon [J]. Advances in psychology, 1992, 90: 131 – 149.

[133] Zhang, Q., Damian, M. F. Impact of phonology on the generation of handwritten responses: Evidence from picture-word interference tasks [J]. Memory & cognition, 2010, 38 (4): 519 – 528.

[134] Zhang, Y., Kuhl, P. K., Imada, T., et al. Effects of language experience: neural commitment to language-specific auditory patterns [J]. NeuroImage, 2005, 26 (3): 703 – 720.

[135] Zheng, B., Warschauer, M., Farkas, G. Digital writing and diversity: The effects of school laptop programs on literacy processes and outcomes [J]. Journal of Educational Computing Research, 2013, 48 (3): 267 – 299.

[136] Zhou, X., Marslen-Wilson, W. Words, morphemes and syllables in the Chinese mental Lexicon [J]. Language and Cognitive Processes, 1994, 9 (3): 393 – 422.

[137] Zhou, X., Marslen-Wilson, W. Morphologid structure in the Chinese mental lexicon [J]. Language and Cognitive Processes, 1995, 10 (6): 545 – 600.

[138] Zhou, X., Marslen-Wilson, W. The relative time course of semantic and phonological activation in reading Chinese [J]. Journal of Experimental Psychology: Learning, Memory, and Cognition, 2000, 26 (5): 1245 – 1265.

[139] Zhou, X., Marslen-Wilson, W., Taft, M., et al. Morphology, orthography, and phonology reading Chinese compound words [J]. Language and Cognitive Processes, 1999, 14 (5 – 6): 525 – 565.

[140] Zou, L., Abutalebi, J., Zinszer, B., et al. Second language experience modulates functional brain network for the native language production in bi-

modal bilinguals [J]. NeuroImage, 2012, 62 (3): 1367 – 1375.

[141] De Jonge S, Kemp N. Text-message abbreviations and language skills in high school and university students [J]. Journal of Research in Reading, 2012, 35 (1): 49 – 68.

[142] Drouin M, Davis C. R u txting? Is the Use of Text Speak Hurting Your Literacy? [J]. Journal of Literacy Research, 2009, 41 (1): 46 – 67.

[143] Chen J, Luo R, Liu H. The Effect of Pinyin Input Experience on the Link Between Semantic and Phonology of Chinese Character in Digital Writing [J]. Journal of Psycholinguistic Research, 2016: 1 – 12.

后 记

　　拙作是作者在 2015 年的博士论文基础上完成的。论文完成后，虽然顺利通过评审和答辩，但作者以为，由于该研究选题具有一定程度的创新性，相关内容的涵盖面也较为广泛，始终还属于相关领域中的探索性研究，离深刻和完善还相隔很远的距离，需要进一步地深入探讨。

　　幸运的是，我们近两年在该领域的后续研究工作得到了相关机构和专家很多的肯定和支持，研究团队成员的相关选题和研究思路分别获得 2015 年湖南科技大学科学研究博士启动基金、2016 年教育部人文社会科学青年基金立项和 2017 年湖南省高等学校科学研究重点项目立项，研究的部分阶段性成果也公开发表于 *Journal of psycholinguistic research*、《心理学报》、《现代教育技术》等国内外期刊。于是，作者鼓足勇气将博士论文和这些研究成果整合成文，申报了湖南科技大学学术著作出版基金，并幸获资助。

　　本书的顺利完成与作者在华中师范大学心理学院攻读博士学位时导师团队的指导，以及毕业后研究团队的群策群力、辛勤劳动是分不开的。在书稿即将杀青之时，心中的感激之情实在难以言表。

　　非常感谢我的导师刘华山先生！先生三年多来的教诲之恩，关切之情，使人始终难以忘怀。忘不了先生在讲台上诲人不倦的样子，已七十多岁的高龄，坚持给我们讲课，一讲就是几个小时，却依然激情盎然；也忘不了先生对本人的关心和照顾，每当开学时的一句问候，"家里都安排好了么？"总是让人倍感温暖；更忘不了先生在我毕业论文上的批注，连标点符号和错别字都已标注，竟细致如斯！先生的精神若学生能传承十分之一，便已受用不尽！

　　非常感谢华中师范大学心理学院的周宗奎教授、胡祥恩教授、洪建中教授、马红宇教授、刘思耘教授、江光荣教授、周治金教授，他们从本研究的选题、中期进展、后续的研究思路上给我提供了诸多有益的建议和意见。也非常感谢许磊、吴鹏、谢继红、范士青、杜红芹、张春梅等同门师兄弟（妹）们，对本研究从选题、思路和写作所提出的中肯意见。

非常感谢湖南科技大学教育学院的领导和同事，谭建平教授、陈春萍教授、李海萍教授、李炳煌教授、谭千保博士等，正是在他们的催促、鼓励和支持下，我才不敢懈怠，才有信心将研究成果整理成此书。

特别感谢刘旭博士帮我收集问卷及筛选实验被试，我的学生黄苏丹帮我完成实验及整理书稿，还有我那些已经毕业和还未毕业的学生们，他们有李科生、熊继承、杨希、杨欢、陈锡友、张雅、袁上华、廖金花、全娟、廖星怡等，本书的完成也有他们的功劳。

本书的研究工作始终得到了湖南科技大学社会科学处、湖南省教育厅科技处、湖南科技大学教育学院以及湖南师范大学出版社各位领导、朋友、同事的关心和支持。该书得以付梓，既渗透着研究团队成员的心血和汗水，也浸润着各位领导、朋友及同事们的支持和帮助。在此，对大家再次表示真挚的感谢！

科学研究无止境。本书从研究到成文虽历时五载，几经修改，仍谈不上所谓完善，错漏之处在所难免，作者斗胆将其奉上，敬请各位方家、各位读者批评指正。

陈京军

2017 年 9 月于湖南科技大学明湖畔